古代文明の遺産

Environmental Legacies from Ancient Civilizations

調和と均衡―メキシコからボリビアにかけて―

Harmony and Balance from Mexico to Bolivia

高山智博

アサヒビール株式会社発行■清水弘文堂書房編集発売

古代文明の遺産

目次

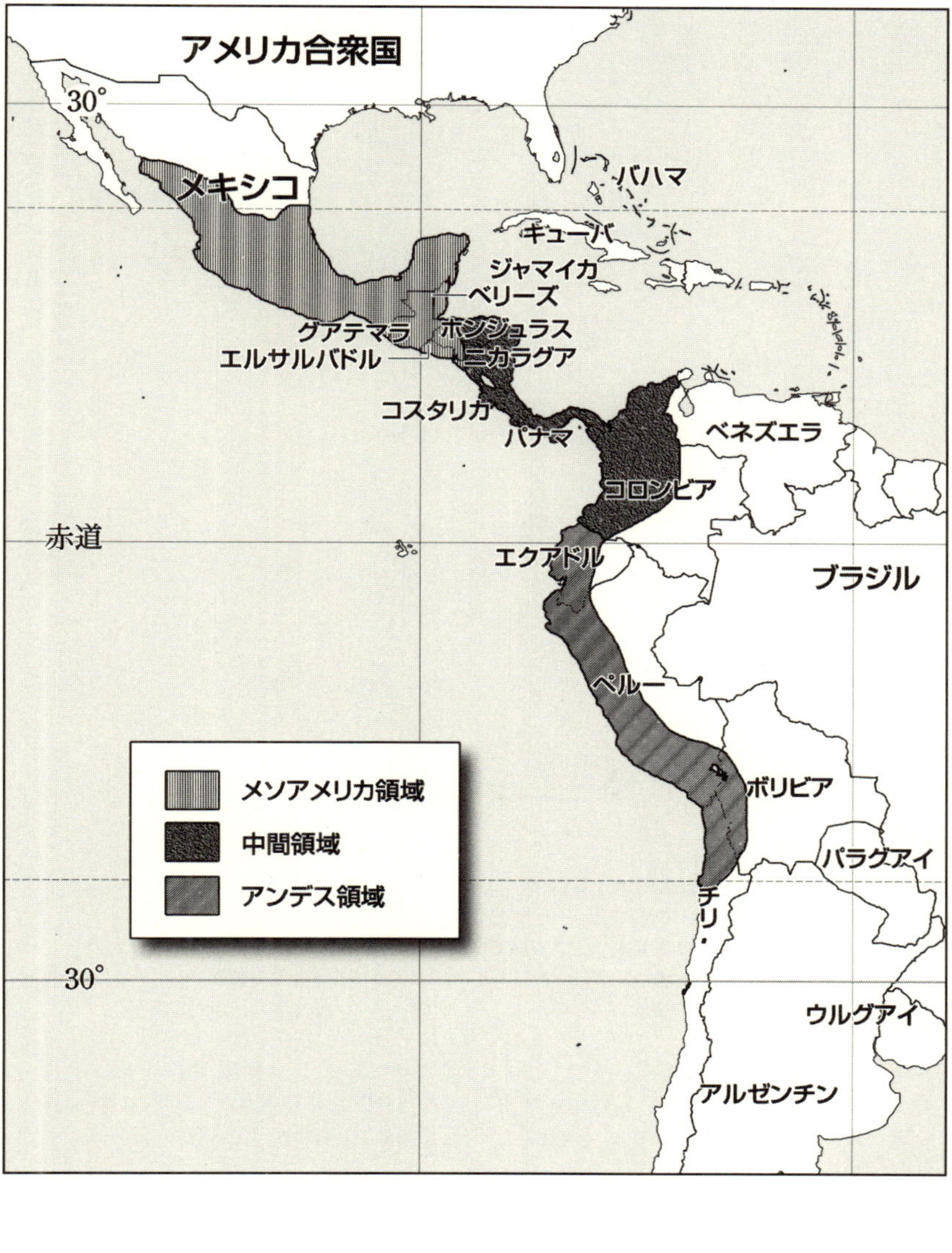
アメリカ合衆国
30°
メキシコ
バハマ
キューバ
ジャマイカ
ベリーズ
グアテマラ
ホンジュラス
エルサルバドル
ニカラグア
コスタリカ
パナマ
ベネズエラ
コロンビア
赤道
エクアドル
ブラジル
ペルー
ボリビア
パラグアイ
チリ
30°
ウルグアイ
アルゼンチン
メソアメリカ領域
中間領域
アンデス領域

STAFF

PRODUCER 礒貝 浩　礒貝日月（清水弘文堂書房）
DIRECTOR あん・まくどなるど（国連大学高等研究所）
CHIEF EDITOR & ART DIRECTOR 二葉幾久　春山ゆかり
DTP EDITORIAL STAFF 小塩 茜（清水弘文堂書房葉山編集室）
COVER DESIGNERS 春山ゆかり　二葉幾久　黄木啓光　森本恵理子

□

アサヒビール株式会社「アサヒ・エコ・ブックス」総括担当者 名倉伸郎（環境担当執行役員）
アサヒビール株式会社「アサヒ・エコ・ブックス」担当責任者 竹田義信（社会環境推進部部長）
アサヒビール株式会社「アサヒ・エコ・ブックス」担当者 石崎喜也（社会環境推進部）

ASAHI ECO BOOKS 22

古代文明の遺産

調和と均衡—メキシコからボリビアにかけて—

高山智博

アサヒビール株式会社発行□清水弘文堂書房編集発売

はじめに

高山智博

アメリカ大陸のメキシコからボリビアにかけての地域には、かつて幾多の古代文明が栄えていた。わが国ではマヤ、アステカ、インカのみがよく知られていて、そのほかの文化についてはあまり紹介されていない。しかし強力な王を有する社会が成立する以前の時代とか、あるいは強大な王国の周辺では、戦争によってではなく、農耕や交易を中心として繁栄していた平和な社会が幾つも存在した。そこでは自然との共生が重視されていたといえる。しかもこうした考え方は、現在でもこの地域の先住民の多くに受け継がれているのである。

古代アメリカを専門とする者にとって、メキシコ（地形的にはこの国の大半が北米に属する。またメキシコ人は自国を中米と呼ばれることを好まない）から中米のグアテマラ、ベリーズ、ホンジュラス、エル・サルバドルにかけての地域は、メソアメリカ。そしてペルーを中心として、隣国のボリビアとエクアドルを含む地域は、アンデスと呼ぶのが普通である。これら2つの文化領域にかんする研究や調査は、わが国でも以前から行われているが、それらの中間に位置する中米のコスタリカ、パナマそして南米のコロンビアについては、ほとんど皆無だといってもよい。確かにこれらの地域には巨大な神殿や強力な都市国家、あるいはアステカやインカのような帝国は存在しなかったが、宇宙観や自然観をはじめとして、基層文化にはメソアメリカやアンデスと共通のものが多い。そこでメキシコからボリビアにかけての地域の古代文明や先住民文化について、自分の目で見て調べてきた記録が、本書なのだといってよいだろう。

ところで、私がアメリカ大陸の古代文明にかんする研究を志したのは、1957年のことであった。当時は古代中国や東南アジアの文化の影響が、アメリカ大陸での文明の発生に存在したか否かといった問題に興味を抱いていた。しかし1960年にメキシコへ留学し、さらにラテンアメリカ各地の古代遺跡や現在の先住民社会に触れてみると、日本人である私には、新旧両大陸の古代文明の比較といった単なる研究対象としてよりも、それらになんともいえない親近感を持ったものである。とくに先住民の村やその住民に、戦時中、疎開した田舎での生活が思い出されて、ある種のなつかしさとともに、しばしばタイムスリップしたのではないかと錯覚したほどだった。

そのころの一般常識として、アメリカ大陸の古代文明には、文字（マヤ文字はまだほとんど未解読であった）、車輪、大型の家畜、武器に使う金属器などの文化要素が欠けているので、それを「文明」と呼ぶことに、疑問を持つ者がかなりいたのではなかろうか。同様に、万物に精霊が存在するといった信仰も、真の宗教に値しないのではないかと見なされていたように思う。ただし巨大なピラミッドや異質な美を持つ石彫とか土器にたいしては、高い評価を与えていた。他方、現実の先住民にかんしては、無意識のうちに、未開人扱いをしているように感じた。こうした捉え方は、16世紀における西洋人による征服以来の歴史の所産なのである。ラテンアメリカ諸国の支配階級は、西洋文明の一部だとする自国に、先住民を「同化」（この言葉が差別的だとされてからは「統合」という用語が使われた）させることが必要だと信じていた。しかしこれは「インディオの否定」になるとして、従来の考え方に変化が生じたのは、１９８０年代以降のことである。そして公用語であるスペイン語と西洋文化のほかに、先住民の言語と伝統文化を教える二言語二文化教育が推進された。しかしその後、経済の悪化もあって、この政策はあまり進展したとはいえない。とくに支配階級と先住民の間の大きな経済格差は、ほとんど是正されていないのである。

こうした偏見や格差は、アメリカ大陸にだけに特有な問題ではなかろう。私は中学時代、ある教師から聞いた「さっそうと正義が悪を懲らしめるから、西部劇が大好きだ」という言葉に疑問を感じたことがある。インディアンがなぜ悪なのか分からなかったからだ。しかし当時はこの教師のように、なんの疑問も持たずに、西部劇に魅せられていた日本人が多かったはずだ。メキシコ留学中、人類学の授業で耳にした、米国の開拓時代に使われた、「最良のインディアンは死せるインディアンなり」という言葉にも、びっくりしたことを覚えている。

しかし現在では、先住民に対する見方がかなり改善されてきたといえるかもしれない。１９９２年には、グアテマラのマヤ系先住民キチェ族のリゴベルタ・メンチュウ（彼女の親兄弟が兵士たちによって惨殺されたことが、その後、社会正義を求める活動の原動力になった）がノーベル平和賞を受賞し、また２００６年には、アイマラ族出身のエボ・モラーレス（彼はその就任式を先住民にとっての聖地であるティワナク遺跡で行い、国内植民地主義や新自由主義経済の打破に立ち向かうと演説した）が、ボリビア初の先住民大統領として政権の座に就いたからである。両人にたいしては、様々な見方や批判が存在する。また先住民といっても多種多様であるし、彼らが置かれている状況もそれぞれ異なるが、それはともかくとして、２人とも、先祖から伝わる「母なる大地」への信仰が、新しい時代の再構築には欠かせないと主張している。もし大地を大切にしなければ、温暖化に起因する大規模な自然災害や無秩序な開発による資源の枯渇が、現実のものとなるかもしれないからである。

こうしたことからも、自然と共存してきた先住民の過去と現在における宇宙観や自然観を探求してみることは、現代的な意義がある作業だといえるのではなかろうか。

今回、「アサヒ・エコブックス・シリーズ」の１冊として、本を出版しないかと、清水弘文堂書房社主の礒貝浩氏から声を懸けられた時は、率直に大変うれしく思ったものである。

礒貝氏は大学の後輩であり、彼が大学時代に創設した「探検部」の３代目顧問に就いたこともあって、最近わりと頻繁に会う機会があった。その度に彼の鷹揚な人柄のよさと、未知なるものへの探究心に感銘したものである。その彼が本書の完成を見ることもなく、突然、他界されたことは、まことに残念無念というほかない。今となっては、せめてあの世でゆっくりと読んでもらうために、本書を氏の霊前に捧げたい。

また出版にあたっては、ご子息の礒貝日月氏と、清水弘文堂編集室の小塩茜さんに大変お世話になった。ここに心より感謝申し上げたい。

—旅のはじまり—

荻田政之助と私のトランス・パシフィック物語

メキシコ留学で目指したもの

私は東京の神田生まれであるが、戦時中、群馬の田舎に疎開して、自然に接して過ごしたせいか、その後も自然への憧れがきわめて強かった。「山のあなたの空遠く幸いすむと人のいう」ではじまるカール・ブッセの詩がいつも脳裏に去来していた。それゆえ、高校時代は山登りばかりしていた。

1955年、高校3年の時、わが国ではアルゼンチン・タンゴがブームであった。私はタンゴの名曲「アディオス・パンパ・ミーア（さらば草原よ）」を聞きながら、暗くて貧しい日本よりも、大草原で牛や馬を相手にのんびり暮せたらと夢想し、移住を思い立ったのである。そしてすぐさまアルゼンチン大使館へ出かけたが、そこの日本人職員から、スペイン語は話せるのかと尋ねられた。そして、もしできないなら、スペイン語を学んでからにしなさいと説得された。そこで翌年、スペイン語を教えている上智大学に入学したわけである。

しかし大学2年の時、東洋史の白鳥芳郎教授から、新大陸の古代文明の発生には、旧大陸の古代文明の影響があったのではないかという、ウィーン大学のロベルト・ハイネ=ゲルデルンの伝播論を聞かされ、それにすっかり引き付けられてしまった。私の関心事はそのときからアルゼンチンではなく、マヤ、アステカといった古代文明が栄えたメキシコへと移っていった。こうしてその年、来日されたハイネ=ゲルデルン教授の講演会に出席したり、白鳥教授の紹介状を持って、東大の文化人類学研究室に、石田英一郎教授（1958年派遣の「第1次東京大学アンデス地帯学術調査団団長」）を訪ねたりして、自分の進むべき道を決定したのである。

だがこのテーマを研究するには、現地へ行くしかないと考えて、メキシコ留学を目指した。幸いにもメキシコにはイベロアメリカ大学という上智大学と同じイエズス会経営の姉妹校があった。

それにもうひとつ、私の目標とする生き方に指針を与えてくれたのが、「旅は目的を持って行った」という、民俗学者の柳田国男の言葉であった。

イベロアメリカ大学の中庭での同級生たちとのスナップ写真（1960年）

ところで石田は、アンデス文明の調査について、次のように記している。

「新大陸における古代文明の起源とその形成の過程を跡づけ、ひいては新旧両大陸間の比較研究により、人類文明そのものの発生の条件やその発展の一般的形成、あるいは新旧両大陸の間に起りうるべき古代文化の接触や影響の問題にまで、研究の歩を進めようとする学問的欲求は、最近の国際人類学界における進化主義の再検討、再評価とあいまって、とくにわれわれの間に強く頭をもたげてきたのである。」（『アンデスＡＮＤＥＳ』美術出版社　１９６０年）

学生だった私は、白鳥教授の論文「東南アジアにおける龍蛇信仰」にも興味を惹かれた。そこには龍が蛇の姿を基本とした架空の動物、雨や農耕に関連した水の精、そして王権と関連する存在などとあった。これは古代メキシコのケツァルコアトル（羽毛ある蛇）にそっくりだと思ったからである。

このようなことで、メキシコ在住の荻田政之助氏宛の手紙に、「東洋の龍は中南米の蛇神、とくにケツァルコアトルと関連があるのではと考え、調べております」と書いた。そして将来この分野の研究で、貢献しうることもあるのではないかと想像したものである。

１９６０年３月、私はイベロアメリカ大学のエスクエラ・デ・アントロポロヒア（人類学学校）の第１期生として留学した。そこの校長はメキシコ人類学界の長老、ウィグベルト・ヒメネス＝モレノ教授であった。同級生には、メキシコ革命の父フランシスコ・マデロの姪、ルス・マリア、元駐日メキシコ大使の妹、エレナなどがいた。ちなみに当時の我われのキャンパスは現在、「サン・

アンヘル・イン」という名の高級レストランになっているコロニアル時代の邸宅で、２００６年３月には、メキシコを訪れた皇太子がここで食事をされている。

戦後、メキシコを訪れた日本の学者や芸術家の多くは、メキシコ市在住の荻田政之助氏からメキシコ古代史や先住民文化のすばらしさについて教えられたものだが、今となっては知る人も少ないので、ここに氏の略歴を記しておきたい。

荻田は１８９８年、神奈川県愛甲郡愛川村で生まれた。幼い時、柳田国男が村長だった父のところへ民話収集のためにやって来たのを覚えており、これが後にチョンタル族の古謡収集に影響したらしい。また神奈川県立厚木中学時代、ある教師からスヴェン・ヘディンの中央アジア探検についての話などを聞き、「アラビアン・ナイト」に出てくるような人生を夢見たという。卒業後、兄がいる米国へ渡航することを計画したが、排日運動が激しく、しかも「日米紳士協定」によって兄弟では呼び寄せができなくなっていたため、移民会社の社員という名目で移民船に乗せてもらい、ペルーへ渡航する。首都のリマでは中学時代の友人の兄が経営する「工藤商会」に従業員として勤めた。しかしそこでは自分の志を果すことはできないとして、メキシコ行きを決めたのである。それが可能になったのは、兄の友人がメキシコのエルモシージョで歯科医院を開設していて、彼を呼び寄せてくれたからだ。１９２０年のことである。そこで歯科医の修業をし、また後に荻田の妻となる末高玉と出合った。

１９２８年からテワンテペックの町で歯科医として働いた。一方、一時帰国していた玉がメキシコに戻ってきたのは2年後だったが、玉はメキシコ市、荻田はテワンテペックと別々の生活だった。しかし日米開戦により、メキシコは1942年、日本と国交を断絶し、国境や海岸線から50キロ以内に住む日本人の立ち退きを命じた。そこで玉が住むメキシコ市へ移ったのである。テワンテペック時代の荻田は、メキシコを代表する画家のディエゴ・リベラやソ連の映画監督セルゲイ・エイゼンシュテインと懇意になったり、チョンタル族の古謡や、古代土器の収集を精力的にはじめていた。

第2次大戦後は、日本人と詩の同好会を結成したりした。その後、日本人の学者や芸術家がメキシコへやってくるようになると、荻田家はまさに彼らが集まるサロンのような観があった。荻田がこうした形でメキシコ文化の紹介に果した役割は大きい。1976年、メキシコ市の自宅で死去。享年77歳であった。

（高山智博編著『メキシコにかける夢　荻田政之助と日系移民の世界』平凡社、1986年）

ウルグアイ街を行く荻田政之助氏と妻の玉さん

荻田政之助の見果てぬ夢

メキシコ市に着いた私は、旧市街にあった荻田家の住人となった。そこで荻田から、古事記や万葉集の中にはカルデア語で訳せる言葉があるとして、それを調べた古ぼけたノートを見せてもらったことがある。そのときの私にとっては、全く奇想天外な話に思えたものである。

荻田の別の手書きの文章にも、カルデア語についての記述がある。

「上代大和民族は古代カルデア語と古代ギリシア語（これをアレンコといった）とを大和言葉以外に使用した。そうしてこれらの言葉が丁度現今英語が日本語中に入っていくようにカルデア語とギリシア語（アレンコ）とが長い月日の間に自然と大和言葉にと変形もし、またそのまま日本語ともなっていった。」

『古事記』に出てくる須佐之男命は、八俣の大蛇を退治した後、櫛稲田姫と結婚するが、その際に須佐之男命がうたった唄、「八雲起つ　出雲八重垣　夫婦隠みに　八重垣つくる　その八重垣を」をカルデア語で解釈すると、より意味が明瞭になると荻田はいう。

「八雲起つ……yakumtah 愛する我われはの意、八重……yaeh, yaex 愛すべくの意、垣は家の意。愛する我われは出雲に愛の家　夫婦生活をする愛の家をつくります　その愛の家を」

私は1964年に帰国して、上智大学の教員になっていたが、その数年後、神奈川県在住の後藤武夫という方から連絡があり、荻田の次のような書簡を見せてもらった。

「私はメキシコ在位四五年であります。メキシコに行ったならば必ず古事記以前の文献が見つかりはせぬかとの直感で、必ず見つけ出すという基盤に立脚して生きてきました。オアハカ州が私に最適地と決まりましたので、ここのサポテコ族の一市に住所を定めて第二次世界大戦までその地におりまして、歯科医をしながら、近郊の幾種類のインディアンについて調査し、やっと一九三八年の秋に、日本から渡来（千年前）した物部家を中心とした一部族が南シエラ・マドレ山中にあるのを発見し、それから戦争中の空白な時代が過ぎ、昨年やっと六月二八日に物部家と共に渡墨した来目氏、大伴氏、中臣氏、道臣氏の四家、都合、日本最高の五家の本流家を探し出しました。各家にそれぞれ、古事記以前の書物、帝紀、国記と言う書物があって、これ等は大切に今でも保存されております。古事記の著者があの華麗な文章で、例えそれが六朝文学の影響があらうとも、成し遂げた陰には、楔形文字や、バビロンのカルデア語の読めた稗田阿礼がいたのは大変幸福であったと言えましょう。」

後藤氏から、荻田が述べていることは事実かどうかと質問された。そのとき私は、「残念ながら本当とは思えない」としか答えられなかった。

それは荻田の頭の中に現実と幻想が共存しているような気がしたからである。しかし荻田がいうような伝播説は、以前から流布していたのである。

大正時代から一部の人びとの間で、メソポタミアに最古の文明を築いたシュメール人と日本人とを関連づける、「日本人シュメール起源論」が話題になっていた。1927年12月にも、三島敦雄著『天孫人種六千年史の研究』という本が出版された。そこには例えば、「スメ（皇）、スメラ（天皇）とは古代バビロニア語のスメル（Sumer）と同語でル、ラは助詞の変化、シュメールとも発音された。このスメとは神の意で、ラテン語のスメ（Summae）も至上至高の意で同系語である。……天皇＝神であり、スメル国は皇（スメ）国と一致して神国ということなのだ」とある。

この本が出版されたころ、荻田は日本に一時帰国中（1920年、3年間のペルー滞在の後、メキシコへ渡る。1925年、後に結婚する玉と親しくなるが、翌年玉は単身帰国する。荻田は1927年、玉に会うため日本へ戻る。彼がメキシコに向けて横浜を出航したのは1928年1月6日）だったので、この本を読んだか、あるいは読まなくても、その内容についてうわさで知っていた可能性はあるだろう。

それとは別に、荻田が所有していた本に、大正3年、つまり1914年に出版された『日本民族』（日本民族社、第1巻第3号）という雑誌がある。荻田がまだ厚木中学の生徒だった時期である。その雑誌には、「亜米利加（アメリカ）の発見及び命名者は天孫民族なり」という題名の下に、次のように書かれている。

「日本の大国主命たるオミキ・ファアトルの神像が、墨西哥（メキシコ）において発見されあるを見たる余は、米大陸と日本民族、或は広き意味なる天孫民族との間に、太古にあって、必ず親密なる関係ありしならんことを思い、その後常に多少の研究心をこの方面に向けおりたる者なり。」

『日本民族』という個人誌の表紙

この文の筆者は天孫民族、つまり日本民族は小アジアのアーメニヤ（アルメニア）に発祥したというのだ。ただしそれは天孫民族の名称が「天」、つまりアメ、「家」、つまりヤに由来するといった語呂合わせのようなことを、その論拠としてあげている。その上、この雑誌の表紙には「墨西哥発掘の大黒天」として、ある石像の写真が載っている。それがテオティワカンの有名な「チャルチウトリクエ（雨の女神）」像なのである。古代メキシコのことが全く知られていない時代の日本人には、これが大黒天（つまり大国主命）に見えたのかとびっくりした。しかしそのころから荻田には、古代の日墨関係のことが脳裏に焼きついていたのだろう。

荻田は戦前の約20年間、妻の玉をメキシコ市に残して、オアハカ州のテワンテペックで単身赴任のような形で暮していた。その時期の孤独な荻田にとっては、少年時代の夢を追わねば、生きていかれないような状況だったのかもしれない。

彼はオアハカ州に住むチョンタル族の古謡を数多く集めたが、その中に、荻田を感激させた一句があった。

「一匹の孤児のピルケが　窟の中に残されて　唄っている　唄っている
独りで　独りで　ピルケ　ピルケ　ピルケ
アー　孤児よ！　独りで　独りで　窟の中　唄っている　唄っている
ピルケよ　ピルケよ　ピルケよ」

（注　ピルケは小さな一寸大のカエルの一種、洞窟に住み黄色をしている。古代日本でも小カエルをピルケと言ったと物部はいう。雨の季節に唄い、乾燥期は口を閉ざす。ピルケも孤児は淋しいか）」

万葉集の愛読者だった荻田にとって、チョンタル族は日本人と同様に、自然にたいしてこまやかな情愛の持主と映ったことだろう。このことから荻田によるチョンタル族の古謡収集がはじまった。しかし収集したチョンタルの唄が、「この地で生まれたもので、この土地へ渡来前のものらしき唄は皆無である」ことが分かった。それでも「現在の地にやってくる前のものが、ひとつでもあったら、どんなに愉快だろう」と思い続けた。

こうして荻田は、古代におけるトランス・パシフィックな日墨関係の夢を生涯持ち続けたのである。

ところで、荻田が採集したチョンタル族の詩には、人間を自然と結びつける伝統的な慣習についてうたった一編もある。私には日本との交流関係よりも、先住民のこうした考え方に興味があった。

「私は今、埋めます、へその緒、へその緒、へその緒を、
この水の源に、水の源に。
アー、ナグアル（分身、守護霊）よ、小さなへその緒を守ってくれ。
小さなへその緒が生まれたので、それを水の源に埋めよう
お前に渡しているのだ。守ってくれ、守ってくれ。

私は今、小さな、小さなもののところへ行きます、へその緒、へその緒、へその緒よ。
お前は居残れ、水の源に、
ナグアルよ、ナグアルよ、私はもう行くが、小さなものが育つように
育ったらひとりで、ひとりで訪ねてくるよ」

へその緒にかんするチョンタル族の慣習とは多少異なるが、キチェ族のリゴベルタ・メンチュウはへその緒について、次のように記している。
「私のへその緒が焼かれました。母が私の片割れである胎盤と一緒に焼きました。人は母なる大地に属し、大地は神聖なものであるという伝統、つまり信仰からです。同時に、生まれてく

る人間は大地から独立して、自由でなければなりません。確かに大地は人間の母です。なぜなら人はトウモロコシを食べます。大地からの食べ物です。しかも母なる大地は人の歩みについてきます。なぜならその者の影、つまりナグアルだからです。人の命と行いのすべてを守る番人です。しかしへその緒とその片割れを焼くことはそれからの独立であり、再び生まれることの象徴なのです。私のへその緒はエネルギーと命にたいして、母なる大地と私を結びつける唯一の源だからです。へその緒が焼かれる時、それは母なる大地への捧げ物です。母なる大地に畏敬の念を表す煙であり、火であり、エネルギーです。それぞれの男とその環境との結合、それぞれの女とその環境との結合なのです。」(Rigoberta Menchú, Rigoberta: La nieta de los mayas, Aguilar, México, 1998, p.114-115)

また次のような、自然をいつくしむ詩もある。

「花を摘むため
三晩思い悩んでいる、
そして三日間いくつ花を切るか考えている
夜も夜も夜も考えて…
お腹が空くまで夜も一晩中。
皆が涙を流す花が山の頂きに、

生まれ出た…
岩山の頂きに。
誰もそれを知らなくて
ただ私のみ、私のみ
誰もその花を摘み取れない
ただ私、私のみ」

もともと人と動物を峻厳に区別しない先住民にとっては、花から花へと飛び回るハチドリの動きにたいして人間的な感情で表現するのも不思議ではない。自然や動植物に対するこうした純粋な気持が現代人に失われてきていることが、今日の環境問題の根本にあるのではなかろうか。

「私は蜂鳥　花から花へと飛び歩き
愉快に一日過ごすなり
野の花すべてに
吾は行く
誰もが摘み得ず
吾ひとりのみ摘めるなり
只吾が嘴で口吻す

吾愉快なり
唄いつつ行かむ
もう今霧が横ぎり行く
誰よりも自分は愉快なり
それ故唄って生きて行く
アーイ　チリッ　チリッ　チリッ」

伝播主義者と独立発生主義者の対決

１９６２年８月19日より６日間、メキシコ市で第35回国際アメリカニスト会議が開催された。人類学の学生として私は級友と一緒にこの会議の組織委員会で手伝ったが、そのシンポジウム「アメリカ（大陸）および旧世界の先史学と考古学」には、ハイネ＝ゲルデルンをはじめとして、主だった伝播主義者が出席するというので、それに出席させてもらった［その会議については、『民族学研究』第27巻第１号（１９６２年12月）に報告］。

新旧両大陸間の文化交流にかんするこのシンポジウムは、まさに伝播主義者と独立発生主義者の一大対決の場ともいうべき性格を持っていたのである。

ハイネ＝ゲルデルンは1958年開催の第33回の会議で、メキシコのテオティワカンの円筒三脚土器と中国の漢代の同様の土器に見られる類似について論じたが、今回は、文様の類似を例として、メソアメリカにおけるインドおよび東南アジアの影響について発表した。

また、先スペイン期にメキシコから中米北部にかけて古代文明が存在した地域を、「メソアメリカ」と命名した人物として知られるポール・キルヒホフは、メソアメリカの暦法が中国、インドおよびジャワのそれと、同一の概念からなると主張した。

他方、こうしたトランス・パシフィックな文化伝播にたいして、メキシコの学者たちからは反論が続出し、シンポジウムは一気に緊張した空気となったのである。

会場からは、堀江謙一青年が同年8月12日に小型ヨット「マーメイド号」で単身太平洋横断したことを例としながら、太平洋を越えた文化の伝播を支持する声も挙がった。しかし新大陸古代文明の独立発生説が大勢を制したのは、メキシコの学者を代表した形での、アルフォンソ・カソの発表であった。

カソはスライドを使用しながら、装飾モチーフ上の類似などは根拠薄弱で、説得力がないと力説した。新大陸の古代文明の形成に旧大陸からの影響があったか否かの研究には、文明が起こった「時」を検討するのが根本問題だとして、メソアメリカの文字と暦法を例として挙げたのである。

「紀元前600年までには、メソアメリカに文字と暦法が出現したが、それらが形式化して現れるまでには、長い精製の時期を有したことは明らかである。その上、メソアメリカの文字と中国の文字との間には、大きな差異がある。暦法についても、メソアメリカのそれとアジア、あるいは地中海のある暦法が類似しているか否かが主要な問題なのではなく、どのような民族が、紀元前１０００年ごろ、何回も大洋を航海し得たかを説明することなのである。かつて、漂流によって新大陸に上陸した者があったとしても、それによってはアメリカ大陸の古代文明の起源を説明できないであろう。」

私もカソの主張にほぼ賛成だが、しかしその反論の激しさには、単なる学問上の主張というよりも、過激なナショナリズムといったものを感じた。ともかく、文化の伝播という現象自体の可能性にたいしては否定しないものの、この会議を境に、私が想像していた龍蛇信仰をめぐるトランス・パシフィックな研究目標は、自然と色あせていった。それ以後の私は、自分が目で見たり調べたりして、確認したデータだけを基盤にして、メソアメリカにおける宇宙観や自然観などについて研究しているのである。

人間は宇宙や自然の一部であり、それらとの共生が必要だとするメソアメリカに共通の思想は、伝播というよりも、さらに古い、人類に普遍的な考え方だったのではないかと、今の私は思っている。勿論、人類がこのような考え方にたどり着くまでには、長期にわたる様々な試行錯誤があったことはいうまでもない。

オルメカ文化と新たな神の出現

――メソアメリカ領域　1――

新大陸の古代文明の発生には、太平洋を越えたアジアからの影響があったのではないかとする、ハイネ＝ゲルデルンの仮説に強く引かれていた私だが、1962年の国際アメリカニスト会議で伝播説が批判されたことなどから、トランス・パシフィックな伝播論にはあまり魅力を感じなくなっていた。しかし文明の発生そのものにかんしては、興味を持ち続けていて、新大陸の中での文化発展の過程で、その原因を模索しようとしたのである。具体的にはメソアメリカ最古の文明と言われているオルメカについてである。オルメカはアンデス最古の文明といわれてきたチャビン（注1）とほぼ同時期に出現した。しかも双方ともジャガーと人間を合体させたような怪奇な像を新たな神として信仰した。その理由はなんなのか、自分なりに推理してみることにしたい。

注1　最近、ペルーではチャビンよりも1500年も前にさかのぼる先土器文化時代の祭祀建造物が、カラル、シクラスなどの遺跡から発見されて話題になっている。ただそれらの遺跡からはジャガー神などの彫像は見つかっていない。

気候変動と文化の変遷

無人だったアメリカ大陸に、アジア大陸から最初の人類が移り住むようになったのは、最後の氷河期の間、海面の水位が下がったために、ベーリング海峡を歩いて渡ることができたからである。

彼らはモンゴロイドの狩猟採集民であった。しかし紀元前１万２０００年ごろ、氷河が後退して海水が上昇すると、ベーリング海峡一帯は陸続きでなくなり、両大陸が分断された。これ以後、アメリカ大陸に取り残された住民は、様々な自然環境に適応しながらそれぞれ独自の文化を発展させることになる。

紀元前７０００年ごろには、乾燥化による森林の減少や狩猟によって、現在のメキシコの地にいた最後のマンモスなどの大動物が絶滅する。その結果として、新たな食糧源を求めて試行錯誤が繰り返される。そこから野生の食用植物のドメスティケーションがはじまった。紀元前5000年から2000年にかけてのことである。たとえば、メソアメリカ（現在のメキシコからグアテマラなど中米北部にかけての領域）起源とされる栽培植物には、現在の我われの食事に欠かせないトウモロコシ、インゲンマメ、トウガラシ、カボチャ、トマト、サツマイモ、アボガド、ピーナツ、カカオなどがある。

そして長期の保存に適したトウモロコシを主食とする定住農耕村落が出現したのは、紀元前2000年前後のことである。それ以後、村の規模は徐々に拡大して、農耕儀礼を司る者を中心とした首長制社会へと発展する。その中で紀元前1200年ごろ、現在「オルメカ」と呼んでいる高度な文化が突如として出現したのである。

この文化が話題になったのは、1862年にホセ・メルガールが、メキシコ湾岸地方のウエヤパン（ベラクルス州）で、巨石人頭像を発見したことにはじまる。後に彼はその巨石人頭像の容貌から、アフリカのエチオピア人ではないかと発表した。私が1960年にメキシコ留学したころは、まだこの黒人説や、古代中国人といったアジア人説が話題になっていた。しかし大半のメキシコ人学者はすでに、メキシコ湾岸地方に住んでいた先住民の先祖だと考えていたといってよい。

ともかくオルメカ（「ゴムの地方の住民」の意）については分からないことが多いため、我が師ウィグベルト・ヒメネス＝モレノ教授も、『オルメカ族の謎』というタイトルの著書を著したほどである。オルメカ族の言語にかんしては、プロト・ミヘ・ソケ語だとする説も存在するが、まずは特徴的な体系を持つ文化として理解すべきであろう。この文化においてはじめて、メソアメリカの古代人の自然観や宇宙観が彫刻や構築物を通して表現されたのである。それらは水や農耕の豊饒を司る自然界の主である神への信仰、それに宇宙は天と地と地下の三界、および東西南北の四方からなるという思想である。紀元前1200年から紀元前400年にかけて栄えたオルメカ文化は、その後メソアメリカに存在した様々な文化に大きな影響を与えた。「母なる文化」といわれる所以である。

1960年代のことであるが、アルフォンソ・カソはメキシコ湾岸南部（ベラクルス州南部とタバスコ州西部にかけての地域）をメソアメリカ文明の発祥の地だとして、「アメリカ大陸のメソポタミア」と呼んだことがある。なぜならばこの地域の土地は、河川の氾濫や降雨によって沃土が毎年もたらされるので、旧大陸の文明発祥の地と同様ではなかったかというのである。しかし多雨地帯のオルメカ地方と、乾燥地帯のメソポタミア地方とでは自然環境に根本的な違いが存在することも確かである。

近年ジョン・クラークなどは、メキシコ湾岸南部の首長制社会の段階にあった住民がメキシコ太平洋岸南部の同様なレベルの住民と交流するだけでなく、周辺のマヤ、さらに遠方のメキシコ中部などの様々な文化を持つ人びとと接触あるいは交流したことが、オルメカ文化発生の原因ではないかと考えている。

たとえば、オルメカの遺跡からは、水と生命の象徴といえる緑色をしたヒスイに細工した遺物が多数出土しているが、それらの原石はグアテマラ高地から長距離交易で手に入れたものなのである。ヒスイはオルメカ時代からメソアメリカでもっとも高貴な石とされた。

オルメカ文化の発生についての私の推論は、気候変動が生じ、ほかの地方が降雨量の減少などによって不作となって食糧危機に陥った時、その影響をほとんど受けなかったメキシコ湾岸南部へ各地から人が集まるようになったからではないか、というものである。この地帯は農耕に向いているだけでなく、森や海や川から取れる産物も、きわめて豊かなところであったからだ。私が文明発生の原因として気候変動を考えるようになったのは、平成3年度文部省重点領域研究「地球環境の変動と文明の盛衰～新たな文明のパラダイムを求めて」に参加した時、花粉分析の専門家である安田喜憲氏の気候変動説にヒントを得たからである。紀元前1000年前後に起こった世界規模の気候変動がもとで、旧大陸の様々な地域において文明の興亡が見られた。当然、アメリカ大陸においても、文化に変化が生じたとしても不思議ではなかろう。それがメキシコのオルメカ、そしてペルーのチャビンといったあらたな文化の発生である。

自然と共に生きていた当時の人間にしてみれば、突然の気候変動や天変地異は天罰と思われたにちがいない。狩猟採集段階の人びとは、食糧をすべて自然が与える恵みに依存していたが、人が食糧を自らの手で生産するようになると、より多くの収穫を求めて、森を焼いて畑を拡大していった。オルメカの新たな神（勿論、この神というのは一神教的な神ではなく、多神教的な神）の恐ろしい容貌は、人間のそうした行為にたいして、自然が怒っているところを表現したものではなかろうか。

それを具体的に表現するために選ばれたのが、動物の王ともいえる森や洞窟に棲むジャガーである。そのほかでは猛毒を持ち、しかも脱皮を繰り返す不思議な動物といえる蛇も神格化されてゆく。これらの動物の要素を持つ新たな神々の彫像がつくられ、人びとはそれらの神に農作物の豊穣などを祈願したのである。とくにジャガーは太陽とも関連した神だったといえるだろう。後のアステカ時代には、太陽は夜間、ジャガーに姿を変えて地中を移動すると信じられていたからだ。また新たな神と人との仲介者として、大きな権力を握るようになったのが、シャーマン兼支配者である。さらに王に近いこの存在と新たな神との性的結びつきを示唆するような彫像もつくり出されている。

近年、オルメカ遺跡の発掘や修復がかなり進んでいるので、その代表的な遺跡を紹介してみたい。オルメカの遺物として有名なのは巨石人頭像であるが、それらのほとんどが博物館に所蔵されていて、発見場所にはない。ましてやヒスイに施した精巧な彫刻物などは、国内外の博物館でしか見られない。したがって、オルメカ遺跡として訪ねるに値する場所は、私が訪れた、以下の4か所にほぼ限られるのである。

ラ・ベンタ

1974年、私は石油産業で大発展中のコアツァコアルコに住む日系人の計らいで、この町から56キロ離れた地点にある代表的なオルメカ遺跡ラ・ベン

土造りのピラミッド　メソアメリカで最古のものといわれている（1974年）

タ（タバスコ州）を訪れた。金網で覆われた無人の遺跡で、この遺跡のまん前に、「オルメカ」という名の石油施設があるのにはびっくりした。遺跡内にも労働者たちの家が建っていた。

さっそく自然の丘のような、高さ32メートルの土造りのピラミッドに登った。上からの展望はすばらしく、３６０度見渡す限りさえぎるものがない緑の平原だった。まさに古代文明発生の地へやって来たという感じがして、おおいに感激したものである。ピラミッドの形は神の住まいである山を模したものと解釈されている。かつてこの神殿を中心に都市と呼べるものが造られていたのである。しかし私がはじめてラ・ベンタを訪れた時は、このピラミッドだけが、その場に放置されていたのだ。

この遺跡から出土した代表的な石彫類はす

「祭壇」と呼ばれている石彫　ジャガー神の住む洞窟の前に王が座っている

べて、ビジャエルモッサ（タバスコ州の州都）にあるラ・ベンタ公園博物館に展示されている。そのひとつ、「祭壇」と呼ばれている一枚岩の石彫は、ジャガー神の住居への入口である洞窟を表現したものであろう。その窪みの上にこの神の顔が彫られているからである。その前で座っている人物は支配者であり、彼と神との繋がりを示唆している。

ラ・ベンタ出土の石彫のひとつに、メキシコ市にある国立人類学博物館に展示されている支配者と蛇を表現したものがある。その蛇は毒蛇のガラガラヘビの尻尾を持つが、頭にはトサカ状のものが見られるので、後の時代の羽毛ある蛇の祖形だといえよう。水の精であり、天に昇ることもできた、この想像上の蛇も支配者の権威と関連していた。

ラ・ベンタからはこれまでオルメカの巨石人頭像として発見された17体のうち、4体が出土している。（ただし遺跡にはなく、博物館で見るしかない）それらは実在した偉大な指導者（王に近い存在）を表現したものと考えられている。

２００４年に私は再びラ・ベンタを訪れた。遺跡の周辺には家が並び、石油精製所は姿を消していた。遺跡の入口に立つワラ屋根造りの博物館には、最近発見された巨大な石彫などが展示されている。土造りのピラミッドも芝生が植えられたりして、かなり整備されていた。しかしそこにはなぜかかつて味わったような感動はなかった。

ラ・ベンタがオルメカ最大の中心地として栄えたのは、紀元前９００年から紀元前４００年にかけてのことであった。

サン・ロレンソ

サン・ロレンソ遺跡（ベラクルス州）へは2004年に訪ねることができた。途中、遺跡の道順を示す案内板などはひとつもなく、人に道を聞きながらやっとの思いでたどり着くという有様だった。遺跡へ向かう坂道の手前に小さな博物館がある。サン・ロレンソからは17体の巨石人頭像のうち、10体が出土しているが、1994年に発見された巨石人頭像一体だけが、この博物館に展示されている。

そのほかの展示物では、コスタリカに存在するような石球に興味を持った。その用途は不明だが、オルメカ起源とされる球技と関連した記念物ではないかという説もある。球技は太陽などの動きを象徴する神聖な行事でもあった。実際の球技ではこの地方で産出したゴムを固めた球を使用していた。

右　巨石人頭像　数ある像の中で、これほど穏やかな表情の人頭像はない
左　遺跡からの展望　丘の下には川が流れ、平野が広がっている

遺跡は人工的に整備された自然の台地にあり、今は金網に囲まれた牛の放牧地となっている。そこには自然の塚のようになったものや発掘した跡の窪みが、草に覆われて点在するだけだ。しかしその台地の端に立つと、コアツァコアルコス川という大河と広大な平地が見渡せ、なるほどここがオルメカ最古の中心地だったのかと納得できた。ここならば洪水になっても冠水する心配はないだろう。しかし洪水が起これば、低地にある農家や畑は押し流されてしまう。サン・ロレンソの没落はその大洪水が原因だとも考えられるのである。

サン・ロレンソは紀元前1200年から紀元前900年にかけて栄えていた一大中心地であった。ここで、サン・ロレンソにオルメカ文化が発生する以前のことについて触れておきたい。そのためには、テワンテペック地峡を隔てたメキシコ太平洋岸南部（チアパス州）の歴史を知らなければならない。そこはアステカ帝国時代、その地方の産物であるカカオ、ジャガーの毛皮、色鮮やかな羽根などの貢物で知られた、自然が極めて豊かな地帯だった。

バラ期（紀元前1600年―1400年）

メキシコ太平洋岸南部で最初の定住農耕村落が、紀元前1600年ごろに出現する。人びとは農作物としてインゲンマメ、アボガド、トウモロコシ、そして恐らくサツマイモやカカオも栽培していた。それに以前の時代から続く狩猟、漁労、採集も行なわれていた。この期の土器類はテコマテ（ヒョウタン）と呼ばれる装飾を施された光沢のある無頸壷が主体である。集落は小規模（50人から200人）で、社会階層はまだ存在しなかった。

ロコナ期（紀元前1400年―1250年）

社会階層の萌芽が見られた時期である。パソ・デ・ラ・アマーダ遺跡での発掘では、ほかの住居より床面積がかなり大きな楕円形の住居跡（22メートル×12メートル）が発見されている。それにヒスイの斧、埋葬された子供の額につけられていた雲母製の鏡などから、首長制社会と呼べる段階に近づいたと判断できる。約4000人からなる社会のうち、パソ・デ・ラ・アマーダの集落には1000人から2000人が住んでいたと推定される。ヒスイや雲母などは長距離交易で手にいれたものである。

メキシコ湾岸南部のサン・ロレンソ遺跡から出土した最初の土器は、ロコナ期のものと似ている。このことは太平洋岸南部から、サン・ロレンソへ人の移動があったことを示唆している。

オコス期（紀元前1250―1100年）

この時期には太平洋岸南部とメキシコ湾岸南部との交流はほとんどなく、それぞれが異なる道をたどったものと思われる。太平洋岸南部ではそれまでの文化の延長であったが、メキシコ湾岸南部では、メキシコ中央高原など、様々な文化と交流して、いわゆるオルメカ文明となる目覚しい発展を示した。

チェルラ期（紀元前1100年―1000年）

この期の土器は、それ以前の赤地あるいはオレンジ地の土器ではなくて、サン・ロレンソの土器をまねした白地あるいは黒地に近いものに変化した。太平洋岸南部の文化は、このオルメカの影響によって一段と発展した。なお黒曜石やヒスイは、グアテマラ高地からの交易で入手したものである。

（John E. Clark "Antecedentes de la cultura olmeca", Los olmecas en Mesoamérica, Equilibrista, México / Turner Libros, Madrid,1994）

チャルカツィンゴ

メキシコ中央高原のモレロス州にあるオルメカ遺跡チャルカツィンゴへは、メキシコ国立自治大学のロペス・アウスティン教授の課外授業

遺跡一帯の景観　高原の平地にそそり立つ岩山には圧倒的な存在感がある

に友人が行くというので、それに同行した。この遺跡は紀元前１１００年から７００年にかけて、オルメカの影響が見られ、その最盛期は紀元前７００年から５００年ごろだと考えられている。

ここには巨大な屏風岩が２つ立っているが、そのひとつに様々なモチーフの浮彫が岩壁などに彫られている。その代表的な浮彫が岩壁の窪みに彫られた「王」と呼ばれているものである。そこに王と思われる人物が洞窟の中で椅子に座っている。この洞窟の輪郭がジャガー神の横顔で表現されている。洞窟の上には雲、そして雨のしずくが描かれているので、この人物が雨の神の仲介者であることも明らかだろう。

岩に彫られた浮彫のひとつに、羽毛ある蛇の祖形のような大蛇が人を飲み込んでいると解釈されているモチーフがある。ただし私の友人は、「足から飲み込むことはない、蛇の口から人が出ているところではないか」と言っていた。

メキシコの二名山といえるポポカテペトルとイスタクシワトルを遠望できる、風光明媚なチャルカツィンゴは、メキシコ湾岸と太平洋岸、そしてメキシコ盆地などとの交易の中心地であっただけでなく、重要な聖地でもあったはずである。

岸壁の窪みに彫られた「王」の名で知られる浮彫
洞窟の中にいる人物は降雨をもたらすとされる霊能者でもあろう

テオパンテクアニトラン

メキシコ中部のゲレロ州の亜熱帯地帯の高原に位置する、テオパンテクアニトラン（「ジャガー神の神殿があるところ」の意）というオルメカ遺跡へは、２００２年に訪れた。大西洋に面したメキシコ湾岸南部のオルメカ遺跡とは反対側の太平洋側にあるこの重要な遺跡は、当時のオルメカ文化の広がりを示している。

この遺跡の発見当初から発掘調査に当たっている、女流考古学者グアダルペ・マルティネス・ドンフアンさんに、チルパンシンゴ（ゲレロ州の州都）から同行してもらった。所々、道なき道を行くので、場所を熟知している者に連れて行ってもらう必要があるからだ。遺跡は背後を山に囲まれたかなり乾燥した場所にあるが、少し離れたところには川が存在する。

この遺跡の中心部に半地下式の方形の広場がある。ここは東西南北の四方と天上、地上、地下の三界からなる宇宙観を表現した場所と解釈されている。この広場の東西の壁には、ジャガー神の彫刻が２つずつ安置されている。また広場の真中には小さな球技場がある。グアダルペさんの話では、春分と秋分になると、太陽の光が東側にある神像の間に射し込み、その影が球技場を斜めに横切るという、現象が見られるとのことだった。古代の人びとは自然の観察だけでなく、天体の動きにたいしても正確な知識を蓄積していたのである。このような構築物の形で太陽の動きを表現するのも、オルメカ時代からである。

このほかに、方形の広場の外壁に小型の人頭像が繰り込まれているが、グアダルペさんはこれをメキシコ湾岸の巨石人頭像よりも、グアテマラ太平洋岸のモンテ・アルト遺跡のものに似ているとも考えているようであった。ただし私にはメキシコ湾岸の人頭像に近いと思われた。グアテマラのタカリク・アバフやカミナルフユにあるヒキガエルの石彫に似た大きなカエルの彫像も存在する。カエルは降雨を知らせる動物として特別視されていたのだろう。

またグアダルペさんは、テオパンテクアニトランをラ・ベンタと同時代のものであるとして、メキシコ湾岸のオルメカ文化とは姉妹都市に当たると主張していた。この姉妹都市説はグアダルペさんの持論であるが、その規模や重要性はラ・ベンタの方が勝るので、ラ・ベンタを首都とすれば、テオパンテクアニトランは地方都市というところであろう。

半地下式広場の外観　周辺は大きなサボテンが生える乾燥した土地である

オルメカ文化の遺産

オルメカ文化は次のような文化要素を、後のメソアメリカ各地で開花した諸文化に残している。ただし支配者の記念碑といえる巨石人頭像を建立する伝統は伝わらなかった。それはオルメカ文化の崩壊が、気候変動がもとの洪水などにたいして有効な処置がとれなかった支配者に原因があるとされたからにちがいない。

＊自然界の王としてのジャガーや、脱皮することで再生の象徴であった蛇の要素を取り入れた新たな神々。そこには自然を怖れ崇める農耕民の信仰が見られる。ジャガー神は後のテオティワカンのトラロック、マヤのチャークといった雨の神へと進化していった。トサカなどがある想像上の聖なる蛇は羽毛ある蛇、つまり中央高原のケツァルコアトル、マヤのククルカンの祖形だといえるだろう。

＊太陽と暦法。暦は太陽の動きをもとにしてつくられた。春分や秋分などの際は、農作物の豊穣を願って儀式を行なった。2組に分かれてゴム球をけって競う球技は、支配階級の娯楽というよりも、太陽の動きなどと関連した神聖な行事であったはずである。この球技はメソアメリカ全域へ広がっていった。

＊ピラミッド型神殿。神々や先祖が住むとされる山をイメージしてつくられた。ピラミッドの上の部分は平らになっていて、そこに神殿が置かれた。こうした構造物がテオティワカンや

マヤのピラミッドへと発展していった。

＊宇宙観。水平には東西南北の四方、垂直には天上、地上、地下の三界からなるというメソアメリカ共通の思想も、オルメカ文化においてはじめて具現化されたといってよい。同様に都市造りも、神殿を中心に東西南北を基準として設計された。

＊循環の思想。古代人は天体や動植物の観察から、それらすべてに生があり、生から死、そして再び生へと循環するものだと考えていた。そしてその宇宙秩序の維持や自然との共生のためには、様々な供え物や犠牲を伴う様々な儀式を行なうことが不可欠であった。それらとの調和と均衡が大切だからである。

神像の説明をする遺跡の発掘と修復を担当するグアダルペさん

年表　メソアメリカ

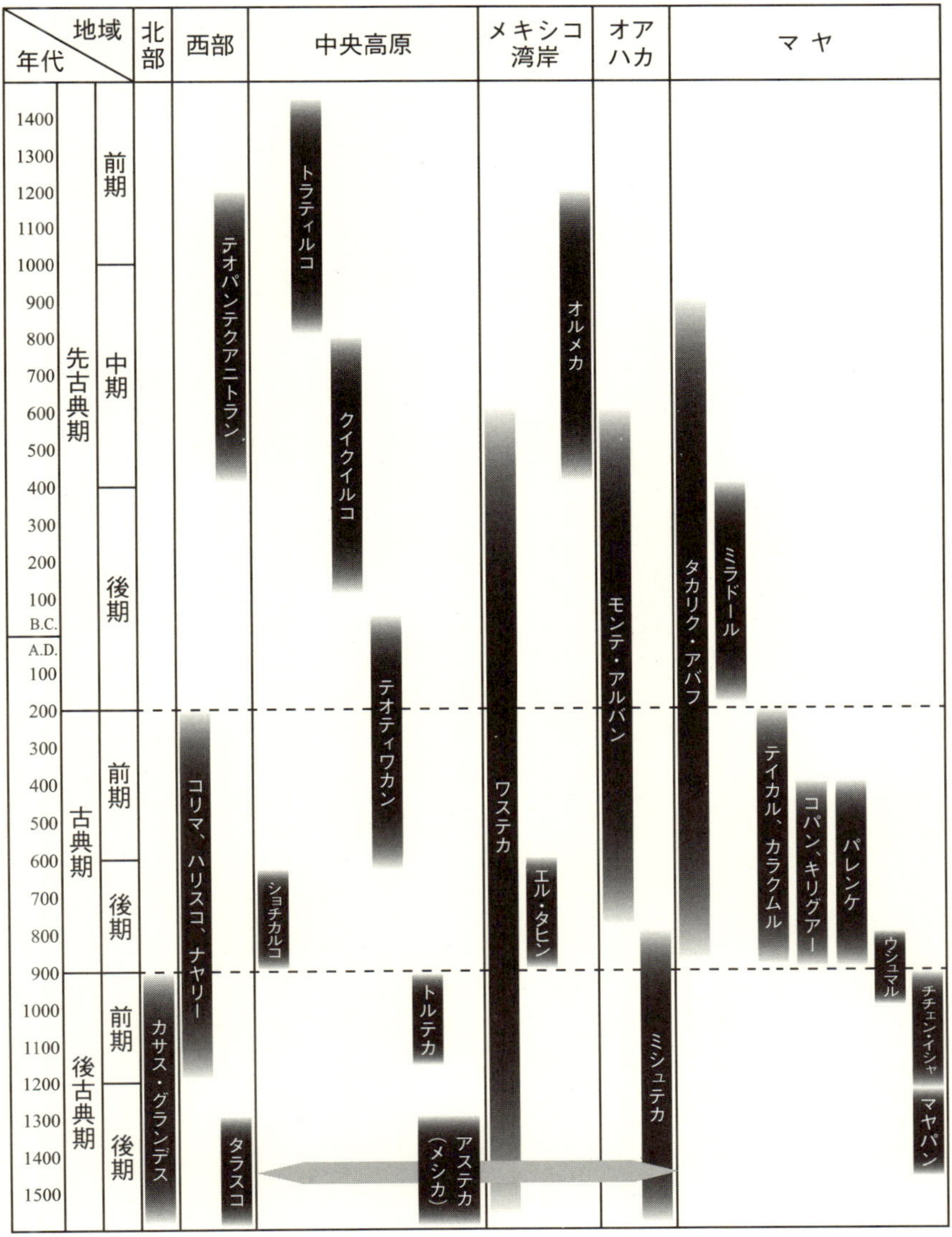
地域
年代
北部
西部
中央高原
メキシコ湾岸
オアハカ
マヤ
1400
1300
1200
1100
1000
900
800
700
600
500
400
300
200
100
B.C.
A.D.
100
200
300
400
500
600
700
800
900
1000
1100
1200
1300
1400
1500
先古典期
前期
中期
後期
古典期
前期
後期
後古典期
前期
後期
テオパンテクアニトラン
トラティルコ
クイクイルコ
オルメカ
タカリク・アバフ
ワステカ
モンテ・アルバン
ミラドール
テオティワカン
コリマ、ハリスコ、ナヤリー
ティカル、カラクムル
コパン、キリグアー
パレンケ
ショチカルコ
エル・タヒン
ウシュマル
カサス・グランデス
トルテカ
ミシュテカ
チチェン・イシャ
マヤパン
タラスコ
アステカ
（メシカ）

―メソアメリカ領域　2―

マヤ遺跡探訪

1962年および2000年

ティカル、コパン、キリグアーといったマヤ古典期の遺跡を訪ねた最初の日本人は、私だったのではないかと思われるので、そのとき見たり、感じたりしたことを、まずは記しておきたい。それにその38年後にマヤ地帯を再訪した際の状況や印象を加えることによって、現状やその問題点をある程度把握するのに役立つはずだと考えたからである。

1962年

私はマヤ研究の権威アルベルト・ルス博士を団長とする旅行団に加わって、留学中のメキシコからグアテマラ市へとやって来た。そのときの印象は、グアテマラ人から叱られるかも知れないが、一国の首都という厳めしい感じよりも、むしろメキシコ南部の地方都市に近い印象を受けた。それだけにはじめから親しみを覚えたものである。

グアテマラ市は南国の太陽のもとで、全ての色彩が鮮やかに照り輝く町であった。だが南国とはいっても、ここは緑の丘と火山を望む、海抜1500メートルの常春の地である。街へ出ると、沢山のインディオ（注1）の姿が見られ、いかにもマヤの国へ来たという実感が湧いてくる。

ここでマヤ文化について、少し説明しておこう。マヤ文明は地理的に次の3つに分類できる。

第一はメキシコのチアパス高原とグアテマラ高地。この地方においてマヤ文化発生のもととなるトウモロコシ農耕がはじまったものと考えられている。

第二の地域は低地のユカタン半島南部、すなわちエル・ペテン地区とその隣接盆地である。マヤ文明はここで開花した。これをマヤ古典期とかマヤ旧帝国（注2）（紀元317年〜987年）の文化と呼ぶ。

第三はユカタン半島北部で、メキシコ中央高原のトルテカ文化の影響を受けて、この地でマヤ文明が復興した。これはマヤ後古典期とかマヤ新帝国（987年〜1697年）と呼ばれている。

この説明は、1962年当時のものだが、研究が進んでいる現在では、修正しなければならない点がいくつかあるので、補足しておきたい。

第一のところに書いた、トウモロコシ農耕がチアパス高原やグアテマラ高地ではじまった、とい

注1　英語のインディアンと同じ。コロンブスは自分たちが《発見》した場所をインディアス（インドから日本にいたる地域）の一部だと信じて、アメリカ大陸の住民をインディオと呼んだ。この呼称は20〜30年前まで一般的に使用されていたが、現在では差別用語と見なされている。

注2　マヤ旧帝国とマヤ新帝国という用語は、事実に即していないので、すでに死語となっている。

う表現は正確とは言えない。トウモロコシ、インゲンマメ、カボチャなどの栽培は紀元前3500年ごろから行なわれているが、ただしそれらはすぐに狩猟採集生活に取って代わったわけではなく、徐々に変化したのである。そして定住農耕村落が、その後マヤ地方を含めて、メソアメリカ各地で出現するからである

第二、第三のところにある、マヤ旧帝国とマヤ新帝国という用語は、もはやまったく使われていない。そもそもマヤに「帝国」と呼べるような社会は存在しなかった。近年、ユカタン半島南部では、先古典期中期から後期にかけての時期、つまり紀元前600年から紀元100年ごろ、ナクベやエル・ミラドールといった場所で巨大なピラミッドが建造されていたことが分かっている。しかし今のところ、古典期の年代は250年から900年というのが一般的である。

私が参加したルス氏を団長とするマヤ遺跡旅行が可能となったのは、ペンシルバニア大学の「ティカル・プロジェクト」による発掘が本格化して、遺跡に滑走路（現在はそこが駐車場になっている）が設けられたことによる。また当時はコパン遺跡の近くに滑走路（現在は存在しない）があったので、グアテマラ市から直接、チャーター機で行けた。

ティカル

ティカルはグアテマラ領のエル・ペテン地区にあるマヤ古典期最大の聖都だ。ここを訪れるにはグアテマラ市から飛行機に乗らねばならなかったが、同行するメキシコ人の一家族が遅れたた

め、飛行機に乗りそこねてしまった。時間に対するルーズさに半分あきれながら、次の便が出るまで2時間待った。空港での情報によると、ティカル一帯は快晴とのことである。11時半、一望千里の大密林のまっただ中にあるティカル上空に到着し、千古の大密林の上ににょきにょきとそそり立つ巨大なピラミッドを機上から見た時は、その壮観さに思わず歓声をあげてしまった。密林を切り開いて造った、世界一小さいのではないかと思われる滑走路に無事到着した。この想像を絶する大密林は、高温多湿の不健康地として有名だが、我われが訪れた1月は乾季のせいか、すこぶる快適な気候であった。

当時、遺跡の発掘と修復の仕事をしていたペンシルバニア大学の発掘総監督、エドウィン・シュック博士が出迎えてくれた。彼のジープに乗って、途中、様々な鳥のさえずりや、猿のなき声を耳にしながら、昼なお暗い樹林のトンネルの中を遺跡へと向かった。

機上から見たマヤ古典期最大の都市ティカル遺跡

「新婚旅行にこんなよい所はありませんよ」とシュック博士はいったが、確かにここは隠れた秘境であり、楽園である。花や樹木のすがすがしさ、そして甘い香りがなんともいえない感じだ。まもなく我われは、２つのピラミッドが相対している広場に到着した。それが大ジャガーの神殿の異名を持つ１号神殿と仮面の神殿として知られる２号神殿である。危険をおかしながら、修復中の１号神殿の頂上に這い登った。そこからはジャングルが一望のもとに見渡せた。

この遺跡は約９平方キロメートルの広がりを持ち、その中心部は北と南を２つの谷で区切られた、人工の台地の上に立っている。ここは少なくとも１万人が住んでいたものと考えられている

ティカルの１号神殿

（現在は、123平方キロの範囲に7万人が住んでいたといった推定がなされている）。

ティカルは、5つの主要ピラミッドを中心に数多くの神殿や宮殿が並ぶ、壮麗な都市であった。これらのピラミッドの造営は1号、2号および5号神殿が700年、3号神殿が600年、マヤ最大のピラミッドといわれる4号神殿は740年と推定されている。この付近には河川がないため、所々に雨水をためる貯水池が設けられていた。石灰岩の土壌のために河川がない熱帯のジャングルに、このような大宗教都市が築かれたということは、驚異であり謎である。

上　ティカルの２号神殿
下　マヤ文明の権威アルベルト・ルス教授（ティカル）

1号神殿は高さ約47メートルのピラミッドで、そこに勾配70度という急な階段がついている。その基壇の上に巨大な飾り屋根を支える神殿が立っている。4号神殿は高さ約65メートルもあり、これは20階建てのビルと同じくらいの高さだそうだ。

我われはうす暗くなるまで、神殿から神殿へと見てまわった。道はかなり整備されていて、危険はなかった。途中、深い沈黙に包まれた密林の中で、コツコツと音をたてながら道路を修理していた、数名のインディオのわびしい後姿が印象的だった。彼らは祖先の栄光ある過去を、どう思っているのであろうか。

ティカルをはじめとしたマヤ古典期の諸都市は、10世紀中ごろまでに次々と放棄されてしまった。だがその理由はいまだに謎に包まれている。高度な文明をつくり出した神官階級、それに原始的なトウモロコシ農耕を営む貧しい農民。この両者の間の大きなアンバランスに崩壊の原因があるのではないか、という仮説も存在する。それによると、神官階級の重圧に耐えかねた農民たちが蜂起して、彼らを打倒した。しかし神官たちが残した高度な文化を維持できず、栄華を極めた都市は、極度に専門化された知識と共に、ジャングルの中に埋もれてしまったというのだ。

もしこの説が正しいとすれば、現代文明の将来にも、ひとつの示唆を与えてくれるのではなかろうか。つまり人間の幸福のためにつくられたはずの機械や技術が、逆に人間を疎外し、圧迫しているという状況が進行したら、どういう結果になるかという疑問にたいして。

コパン

マヤ古典期の学芸の都（かつて米国の著名なマヤ学者シルヴェイナス・モーレイが「新世界のアテネ」と呼んだことに由来）と言われるコパンは、ホンジュラス西部に位置する。ここを訪れるために、グアテマラ市からチャーター機を利用した。この遺跡には豪華な衣装をまとった人物の石柱が点在するが、まさに圧巻である。それらの神官（実際は王）を思わせる人物像の中には、ひげをはやし、両手を胸に合わせて、まるで古代中国の僧侶のような風貌をした石像（695年に即位し

コパンの人物像石柱

た13代目の王ワシャクラフーン・ウバーフ・カウィールの肖像だと、現在は解釈されている）もあり、我われ東洋人には深い親しみを与える。

（コパンはモタグア川の支流コパン川の流域の標高600メートルの地にあるが、ここが重要な中心地として発展したのは、この川などを利用した黒曜石、ヒスイなどの交易にあったと考えられている。最盛期には24平方キロの広さに3万人近い人が住んでいた。コパン遺跡にある「祭壇Q」と呼ばれているモニュメントには、コパンの初代から16代に至る王たちの坐像が彫られている。しかしこうした解釈は、近年マヤ文字の解読が進んだことで可能になったことである。それ以前は、ハーバート・ジョセフ・スピンデンの仮説が信じられていた。それはマヤの天文学者たちが365日の太陽暦に閏年のような修正を行うために集まっている場面だというものであった）

キリグアー

キリグアー（注3）の遺跡へはグアテマラ市からバスに乗って、カリブ海沿岸のプエルト・バリオスの近くの村まで行き、そこでユナイテッド・フルーツ・カンパニーのディーゼルカーに便乗さ

注3　キリグアーは元々コパン支配下の小国であったが、738年にこの地のカック・ティリウ王が、コパンの13代目の王ワシャクラフーン・ウバーフ・カウィールを捕らえて殺害するという事件が起きた。この時からキリグアーは発展し、コパンは衰退していく。

せてもらった。この遺跡は規模こそ小さいが、その荘重さにはほかでは見られないものがあり、マヤ文明の至宝といってよいだろう。

キリグアーには10個の石碑と、4個の架空の動物（巨大な怪物の口の中に王が座っているところなど）を表現した大岩、それに神殿跡が存在する。この地方の石は硬質のためか、彫刻の線はコパ

上　キリグアーの人物像石柱
下　石柱に刻まれたマヤ文字

ンのものより単純だが、それがよりいっそう威厳と気品を与えている。最大の石碑（カック・ティリウ王の肖像）は高さ10メートル60、重さ65トンもある。

キリグアーに行く途中、バスを降りた村では、熱帯地方特有の高床式の粗末な木造の家が数軒建ちならび、その前でまだ青いバナナを売っていた。ここで目撃したひとりのやせこけた黒人の女が、白人との間に生まれたらしい子供を抱きながら、ぽかんと眺めていたのが印象に残った。

これらのバラックの後ろには、まったく対照的に、ユナイテッド・フルーツ・カンパニー（中米のバナナ産業を独占していたアメリカ系企業）の豪壮な建物が、まるで王宮のごとくそびえていた。ここにラテンアメリカの現実を見た思いがしたものである。

アティトラン

スペイン植民地時代最大のモニュメントのひとつ、旧都アンティグアから西北に車を進めると、「世界の驚異のひとつ」といわれるアティトラン湖（かつてここは聖地と考えられていたので、湖底からは儀式に使った土器などが出土する）に至る。グアテマラ市から約３時間の行程である。こんな美しい湖がほかにあるだろうか。その神秘の色をたたえた湖のほとりを色彩豊かな民族衣装を身につけ、壷を頭にのせたインディオの女たちが歩いていく。まさに一幅の絵のようだ。

この火山湖のまわりには、土塀の家が散在し、それらが樹木の緑や原色の花々とよく調和してい

る。村の人びとの生活は貧しく、文化的にも遅れている（これは物質文化の面だけの話で、精神文化は遅れているとはけっして言えない）が、周辺には汚されていない美しい自然があり、疎外されていない人間関係（大都会と異なり、当時の共同体は成員同士が家族のような関係にあった）が存在するといえよう。

彼らは物珍しそうに見物する我われのことなどなんら気にとめずに、黙々と昔ながらの生活を営んでいるかのように思われた。

チチカステナンゴ

キチェ族（グアテマラ高地に住む主要なマヤ系民族）の一大中心地チチカステナンゴへは、首都からアティトランを経由して行った。

ここの広場に立ち並ぶ露天市の雑踏を見ながら、ルス博士は「ここは古代マヤの世界だ」とつぶやいた。本当にタイム・トンネルを潜って、16世紀のスペイン人による征服当時のマヤ世界へ連れて行かれたような錯覚に陥ってしまいそうなところだ。古いサント・トマス教会の正面の石段では、風変わりな服装をしたインディオたちが、香をもうもうと焚きながら、なにやら呪文を唱えている。うす暗い教会内の両壁に並んでいる聖人像は、インディオの意識では、彼らの祖先が信仰した神々と、二重うつしになっているのであろう。彼らはスペイン人の修道僧たちから教えられたカトリックを、自分たちなりに解釈したものを20世紀の今日に至るまで信仰し続けているといってよかろう。

村はずれのパスクァル・アバーという丘の頂きには石の十字架と共に、インディオの神の石像が並んでいる。そこでは毎朝のように、ニワトリをいけにえにする儀式が行なわれているらしい。ここでは古代がそのまま生きているのだ。

サント・トマス教会前の光景（チチカステナンゴ）

パレンケ

グアテマラ旅行の後、私はひとりでメキシコのユカタン北部にある「白い都市」の異名をもつメリダへ飛んだ。この町は主にマヤ後古典期の遺跡を訪ねるための基地だからである。

メリダでまず訪れたのは、事前に日系2世のルイス・西沢画伯から紹介されていたオティリオ・ビジャヌエバさんのお宅だ。それはマヤ遺跡を見物するための情報を得るためだったが、野口英世の教え子だというビジャヌエバさんが語る博士にかんする話に驚いたことを覚えている。また戦時中、日本軍が勝つと、万歳を叫んだという氏に、地球の裏側のようなメリダにこんなにも日本贔屓のメキシコ人がいるのかと感激した。

氏に連れられて、オーラン病院の前に建て

パスクァル・アバーの祭場（チチカステナンゴ郊外）

られたばかりの野口博士の銅像を見に行った。その日の夜、氏と一緒にメリダに住む唯一の日本人である浅野虚庵さんを訪ねたが、最初の日本人移住者として知られている榎本殖民団よりも1年早く、1896年にメキシコ入りしたといわれる、浅野さんの波乱万丈の人生にも圧倒されたものだ。

後古典期最大の遺跡は、広大なサバンナ地帯に存在するチチェン・イツァである。ここにはカステージョ（城）の名で知られる「ククルカン（羽毛ある蛇）のピラミッド」、天体観測に使われた「カラコル（カタツムリ）」と呼ぶ円形の建物、それに「戦士の神殿」などがある。ここはメキシコ中央高原のテオティワカンに匹敵する大遺跡だが、最近は俗化してきたらしいのが残念だ。

ウシュマルも灌木が密生した平坦地にある。ここにもチチェン・イツァと同様、古典期末期の建物と、トルテカの影響を受けた後古典期の建物が見られる。「総督の館」、「尼僧院」、それに「魔法使いの神殿」と呼ばれるピラミッドなどがあり、どれも壮麗な飾りが壁面に施され、ほかの古典期のものとは違った洗練された美を誇っている。

パレンケはメキシコにあるマヤ古典期の代表的な遺跡である。ここへはメリダからも、ビジャエルモッサからも行けるが、私はメリダから汽車でパレンケ駅まで行き、そこから真夜中、タクシーで遺跡へ赴いた。遺跡内の小さな宿舎で泊まることになっていたからだ。月明かりで見た神殿群の神秘的な美しさは、今でも忘れられない。まさに死の都に立ったという思いがしたものである。

この遺跡が有名になったのは、「碑文の神殿」と呼ばれるピラミッドの地下室から立派な墳墓が発見されたからだ（その発見者がアルベルト・ルス博士である）。メキシコのピラミッドは、神殿の台座として建てられたものにすぎないと考えられていたので、パレンケで墳墓が発見されたことは、世界的に話題となった。

（1949年、ルス博士は碑文の神殿の床下に階段が隠されていることを発見し、そこを掘り進み、1952年、その墳墓にあった石棺の蓋が開けられた。そこにはヒスイの仮面を被った王の遺骨が横たわっていた。これはハナブ・パカル王の墓であった。石棺の上の石の蓋には、王の死と復活を表現した浮彫が施されている）

ウシュマルの魔法使いのピラミッド（1962年）

2000年

世紀末の2000年から新世紀の2001年にかけて、私は「ムンド・マヤ」（マヤ世界）を一巡した。「ムンド・マヤ」とは、メキシコ南部から中米のグアテマラ、ホンジュラスなどに至る広大な地域を指す。古代マヤ文明が栄えたこの地域を、新しい国際的な一大観光地として売り出そうとしていたので、その現状を実際に見てみたかったからである。

この地域にはマヤ系の民族集団が数多く住んでいるが、最近のグローバル化によってどのような影響を受けているかという点にも興味があった。

トニナー

メキシコ南部のチアパス州の州都、トゥストラ・グティエレスは、1994年のサパティスタ（メキシコ、アメリカ、カナダからなる自由貿易協定に反対する先住民グループ）の叛乱後、観光客が激減したが、治安が回復したとして、旅行者が増え始めていた。夜、町の中央広場では、夕涼みがてら市民が音楽と踊りを楽しんでいた。

サン・クリストバル・デ・ラス・カサスの町でも、主にヨーロッパ人の観光客の姿がかなり目についた。この町から出かけた先住民の村チャムラの変貌振りには驚いた。1966年に訪れた時に目にした土塀造りの伝統的な平屋はほとんど完全に姿を消していた。2階建ての家も目についたが、これは先住民の間でも経済格差が進んだ証拠であろう。先住民の中には医者も弁護士も技師もいるようだ。それでも変わらないのは教会での伝統的な信仰であろう。その内部ではロウソクを立て、コカコーラを供えて、先住民たちが祈っていた。教会前の広場では、目出し帽姿のサパティスタの人形やマルコス副司令官の写真の絵はがきが土産として売られていた。

サン・クリストバル・デ・ラス・カサスでは、ナ・ボロム（ジャガーの家）博物館を再訪した。ラカンドン族の文化の保存に努めたデンマーク人の人類学者フランツ・ブロムが、1951年につくった博物館である。この博物館の壁に、1996年に死亡した老チャン・キンが孫のカユムに語った言葉が書かれていた。

「私の祖父の老チャン・キンが以前はもっときれいだったと言った。明かりや道路がなかった時には鳥の囀りだけがあった。今は道路があり、トラックが動物たちを驚かしている。以前は密林の王がいたと私の祖父が言った。ユ・ミシュ・アシという名だった。以前は樹木を切るために許しを請わなければならなかった。以前は動物を狩るために許しを請わなければならなかった。跪いて請わなければならなかった。この時代には沢山の樹木があり、王は満足だった。

ある時、王について知らない者が許しを請わずに木を切ってしまった。突然、彼は病気になった。なぜなら樹木は王の息子たちだからだ。王は息子たちのために泣いた。しかしある時期の後、次から次へと人びとがやって来たが、誰も密林の王の許しを請う者はいなかった。」

この博物館でラカンドン族のある夫婦に出会った。妻が病気だが、病院だと金がかかるので、このまま戻るのだという。木の実でつくった首飾りを言い値よりも高い値段で買ったところ、自分たちが住むラカンハへ来てくれれば、別のものをあげると言っていた。

サン・クリストバル・デ・ラス・カサスから、最近、発掘と修復が行われたマヤ古典期末期のトニナー遺跡へ行く途中、1994年のサパティスタ国民解放軍（EZLN）と国軍との戦闘の舞台のひとつとなったオコシンゴの町へ立ち寄った。そこは昼時だったせいか異常なほどガランとしていた。町議会の建物はきれいに塗り替えられ、装甲車と兵士の姿が目につくだけだった。ただ近くの家の壁に、「EZLN万歳」、『サパタ万歳』（注4）といった落書きがあった。

トニナー遺跡の手前の道路には巨大な国旗を掲げた新しい駐屯所があり、かなりきびしい検問が行われていた。この年の7月には、遺跡に建てられた博物館の開館式にセディジョ大統領が出席したそうだが、とにかく主要道路と観光スポットの安全だけは一応、確保されているという印象を受けた。この遺跡の目玉は高さ100メートルもある神殿である。この7層からなるピラミッド状の頂

注4　サパティスタ、つまりサパタ主義者が信奉するエミリアーノ・サパタとは、1910年に勃発した「メキシコ革命」で活躍した英雄のひとりのことである。モレロス州アネネクイルコ出身の農民として、大農園に占拠されていた土地の奪還を目指して武力闘争の先頭に立った。しかしこの革命は貧しい農民にとって、中途半端なものに終わったため、いつか再びサパタが現われて、救済してくれるにちがいないという期待がある。貧困と搾取が続く限り、「サパタ万歳」と「サパタは生きている」は、農民の合言葉なのである。

上で、マリアデルソコロ・エスピノサさんという女性の説明を受けた。この遺跡は元々彼女の家の所有地だったが、国に寄付し、彼女自身は国立人類学歴史学研究所（INAH）の所員として働いているとのことだ。頂上からは遠くに彼女の家と放牧されている何頭かの牛が見えた。遺跡の下では、白い服を着た一団が、この聖地で太陽のエネルギーを得ようと祈っていた。最近この遺跡に、様々な先住民グループが集まって、伝統的なマヤの儀式を行なったとのことである。

ここでのもうひとつの見ものは、「地下界の4つの太陽の壁画」と呼ばれている漆喰製の巨大なレリーフである。彼女の説明では、この壁画は『ポポル・ヴフ』に出てくる地下界へ行った双子の英雄［フンアフプーとイシュバランケー。彼らはシバルバー（地下界）の神々に勝利した後、天に昇って、太陽と月になった］について描いたものだそうだ。

この遺跡では、トニナーがパレンケと戦って捕らえた捕虜を表現した彫刻なども見ることができるが、それらはマヤ古典期末期に、都市国家間で戦争が頻繁に起こっていたことを物語っている。その主な原因としては、気候変動や人口増加による食糧危機が考えられるであろう。

ティカル

メキシコ市の改装された大空港と比べると、グアテマラ市の空港は、以前とあまり変わっていないという印象だった。

市の旧市街には相変わらず露店が数多く並んでいたが、そこを行く人びとの顔に明るさが見られないのが気になった。それは軍事政権時代、ゲリラ退治の名目で20万人もの死者が出た内戦の後遺症なのであろう。その死者の大半は先住民であった。

ティカルへはグアテマラ市から飛行機で行ったが、かつてのような双発のプロペラ機ではなく、ジェット機である。機内は外国人観光客で満席だった。だが遺跡内の滑走路へ直接向かうのではなく、途中のフローレス空港で降りて、そこからは整備された道路を車で遺跡へ行くことになる。日本の援助でつくられたという道路の両脇には、以前は見られなかったプロテスタント系の教会がところどころに建っている。私を乗せたタクシーの運転手もそうした教会のひとつの信者ということであった。

世界遺産に指定されているティカルでは周辺の自然も保護されているが、それ以外のジャングルは縦断道路の建設や牧場や農地の拡張によって、かなりずたずたにされていた。

世界遺産のティカルは観光客で大賑わいであった。かつての滑走路は駐車場に様変わりしていた。遺跡へ向かうとまず目に入るのが、巨大なセイバ（カポックノキ）である。マヤ人がこの木を天と地と地下界を結ぶ宇宙樹として信じたというのも納得できるような気がした。

１９６２年に鎖を使いながらよじ登った1号神殿は、今は登ることが禁止されていた。その代わり、私がはじめて訪れた時、発掘中だった2号神殿にはしっかりした石の階段がつけられており、注意さえすれば誰でも上にあがれる。５号神殿はスペイン政府の協力で修復中であった。４号神殿

メキシコにある代表的なマヤ遺跡パレンケ　太陽の神殿（1962年）

は木のはしごを伝って登れるが、その上からの展望は圧巻で、やっと昔ながらのジャングルを目にした思いがした。

パレンケ

パレンケへ行くべくフローレス空港へ行ったら、乗客が少ないので、私が乗る便はキャンセルになったという。代わりに陸路で行くように手配するからと、サンドイッチを手渡された。メキシコとの国境までタクシーで行ったが、途中の景色はほとんどが牛の放牧のための牧草地になっていた。途中できれいに整備された道路に変わったので、運転手に聞いてみたところ、近くに外国系石油会社の製油所があるが、その会社の援助で改修されたとのことだった。

国境で10ケツァル（グアテマラの貨幣）を支払って、ウスマシンタ河を舟で渡る。かなり大きな河で、波に揺れながらメキシコ側の対岸に着いた。しかしパレンケへ連れて行ってくれるはずのタクシーが来ていない。そのうちにバスがやってきたので、それに乗っていくと、途中でタクシーとすれ違った。それが私を迎えにきた車だった。パレンケに至るメキシコ側の道路は完成したばかりの快適な舗装道路であった。

翌朝、パレンケの町からボナンパックやヤシュチランへ行く観光客が乗ったバスや車は、警察の車に先導され、その最後尾には観光局の車がついて出発した。一応、観光客の安心のためにこのような態勢をとっているのだという。途中からセルバ・ラカンドーナ（ラカンドンの密林）と呼ばれるジャングル地帯を通る。サパティスタの叛乱が起こった1994年から1998年までは立ち入り禁止だったが、今は入れるそうだ。それでもなんか所かに検問所が設けられていた。

私はボナンパックで降りて、遺跡へ向かった。この遺跡はラカンドン族とINAHとの共同管理

古代マヤでは聖なる木とされたセイバ（ティカル）

になっている。入口の門のところには、伝統的な貫頭衣姿や西洋風のシャツとズボン姿のラカンドン族がいた。お目当てだった「絵画の家」と呼ばれている建物内にある古代マヤの壁画は、大分色が落ちているように思われた。

この後、私は近くに存在するラカンドン族の村ラカンハを訪れた。サン・クリストバル・デ・ラス・カサスで知り合った夫婦に会うためだ。そこで見た小川や池に囲まれた美しい自然と、そこに住む人びとの生活の貧しさとの落差には唖然とせざるを得なかった。夫婦が住む粗末な昔ながらの家には家具らしいものがほとんどなかった。だが、ここで出会った彼らの息子から、メールアドレスを教えてくれといわれた時は、電気も通じていないのにと驚いたものである。彼がアメリカの学者に植物の名称などを教えた際、インターネットの使い方を覚えたのだそうだ。メールをするにはパレンケの町にあるインターネット・カフェで行うとのことである。数年後には、この秘境にもホテル建設など開発の手が伸びてくるに違いない。

ホテルなどの建設途上にあったパレンケの町にもう1泊した後、世界遺産のパレンケ遺跡へ向かった。遺跡の入口の前には土産屋が並んでいた。遺跡内はフランス語、英語、スペイン語などが飛び交い、かなり賑わっていた。

アルベルト・ルス博士が発見した王墓がある「碑文の神殿」の前には、彼の小さな墓がほとんど誰にも気づかれることなく、侘しくぽつんと立っていた。私はかつてマヤ展のために来日したルス夫妻を日光へお連れしたことがあったが、そのときの彼のうれしそうな顔を思い出したものである。

「碑文の神殿」の地下に埋葬されていた人物の年齢は以前、40歳代といわれていたが、その後碑文の解読の結果、この人物の名前はハナブ・パカル（パカル大王）といい、死亡した年は683年8月31日で、80歳だったと同定されている。

コパン

ホンジュラスのコパン遺跡へは、グアテマラのアンティグア市の旅行会社のミニバスで行くのが便利である。その車はグアテマラ市のホテルに泊まっていた私をピックアップしてくれた。

グアテマラとホンジュラスの国境までは順調に行けたが、その先は前日の雨のため道がぬかっていて進めないといわれた。そこでぬかった道を歩いて渡り、ホンジュラス側で別の車に乗り換えてコパンの町へたどり着いた。そこは小さな丘や谷に囲まれた気持のよい町である。

この町で世界遺産であるコパン遺跡の責任者のひとりである中村誠一氏に会った。彼は川の氾濫で壊れた崖などの修復を行っていた。以下は中村氏の話である。

「最近、マヤ系先住民による遺跡の占拠があった。はじめは政治的な問題だったが、その後、土地の要求に代わり、それは認められたが、さらにコパン遺跡の30パーセントの土地も要求したので、政府は強行策を取り、彼らを排除した。

この2週間の間に、道路工事中に古代マヤの遺物が出土したので、自分が担当して発掘をし

ロサリラ神殿（レプリカ）　この神殿は16号神殿の下から発見された（コパン）

たところ王の墓と思われるものが発見された。」

私は特別に、王権の象徴であるござの編み目模様が彫られたヒスイ製棒状胸飾りなど、彼が発見した遺物を見せてもらった。さらに彼の案内で遺跡の隅々まで見学することができた。中でも印象に残っているのは、16号神殿の地下から発見されたマルガリータ神殿である。それは初代の王ヤシュ・クック・モを祀るための神殿で、その正面には漆喰のレリーフで、ケツァル鳥（クック）とコンゴウインコ（モ）が極彩色で描かれている。共に太陽を象徴する鳥である。

同じく16号神殿の下には、壮麗なロサリラ神殿が今も眠っているが、その原寸大に復元されたものが、遺跡の近くに建てられた彫刻博物館に展示されていた。

バランクー、カラクムルなど

メキシコのキンタナ・ロー州チェトゥマル市から、ユカタン半島中部を横断する新たに整備された道路をカンペチェ州のカンペチェ市に至る一帯には、数多くのマヤ遺跡が存在する。その発掘や修復が急

日本人マヤ学者中村誠一氏と（コパンにて）

ピッチに行われていたので、訪ねてみることにした。

コフンリッチはマスカロン（怪人面）で有名な遺跡である。しかし想像していたよりもマスカロンが小さかったのと、湿気のため白い漆喰が黒ずんでいたので、ちょっと期待はずれであった。それらは太陽神の姿として表現された支配者の顔だと解釈されている。

近くの丘には自然を満喫できる新しいタイプの宿泊施設がある。この施設では近隣の遺跡ツアーなどもガイド付で行っている。

バランクーも漆喰製の巨大なレリーフがある場所で、私が今回の旅で最も見てみたいと思っていた遺跡である。まだ発掘修復中であったが、特別に中へ入れてもらった。

それは大地の怪物の上に表現されたカエルやワニの大きな口に支配者たちが座っている図像である。そのほかにジャガーや蛇の絵もある。王は死ぬと日没のように地下界へ行くと考えられていた。そして新たな王が日の出のように出現する。つまりここには、マヤの宇宙観の特徴である、循環の思想が表現されているからである。

カラクムルはティカルに対抗していた大都市遺跡である。35平方キ

ティカルに対抗した都市国家カラクムル　２号神殿

ロの中に住居址などが６０００か所も存在するそうだ。この一帯はメキシコ最大の生物圏保護区でもある。車から降りて、遺跡までの道を歩くと、青紫の蝶々や雉のような鳥の群れに出くわした。カラクムルは５世紀から９世紀にかけて人口５万ほどの重要な中心地であった。ここからは１１５個の石碑が発見されているが、表面が摩滅していて保存状態はよくない。しかしヒスイの仮面は９個も見つかっている。２号建造物の名で知られるピラミッドからのジャングルの展望は圧巻である。

リオ・ベック様式（その様式とは建物のファサードに施された複雑怪奇な図像のこと。ユカタン半島中部のメキシコ領キンタナ・ロー州とカンペチェ州に見られる）の神殿として有名なチカンナーと、３つの神殿が立ち並ぶシュプヒルには神殿の入口の装飾にその特徴がある。マヤの代表的な神格で蛇の要素をもつイツァムナーの顔を表現したものと解釈されている。どちらの遺跡も午後遅くなってから訪れたので、建物群が夕日に映えて美しかった。

チャクチョーベンは遺跡の発掘や開発の問題で、土地の所有者である先住民と国との間で意見が対立し、交渉が中断していた。したがって未公開の遺跡だったが、特別に見せてもらった。神殿跡などが手つかずのまま放置されていた。

まだ発掘中で一般には公開されていないチャカンバカン遺跡へも行った。１９９４年に発見された漆喰製のマスカロンはオルメカの巨石人頭像に似ていて、興味深かった。発掘責任者もその類似を認めていたが、確かなことは今後の研究に待つしかないだろう。しかし資金不足のため調査もままならないとのことであった。

上　バランクーの漆喰レリーフの一部　循環からなるマヤの宇宙観を表現したもの
下　コフンリッチの漆喰製のマスカロン　太陽神の姿で表現された支配者の顔だと解釈されている

エク・バラン、ロルトゥン、ラブナー、マヤパンなど

ユカタン半島北部の中心都市メリダの周辺には、チチェン・イツァやウシュマルのほかにも様々な遺跡が存在する。以前訪ねたところや、道路が整備されて今度はじめて行ったところなどを見てまわった。

ジィビルチャルトゥンにある「7つの人形の神殿」と呼ばれる建造物は、春分と秋分になると、夜明けに日の光が差し込む窓があることで話題になっていた。この神殿の名称のもととなった7つの土人形が遺跡内の博物館に展示されているが、思っていたよりも小さいのが印象に残った。

この遺跡にあるセノテ・シラカー（注5）は、遺物が多数発見された場所として知られていたが、今度行ってみたらここが、水遊びができるきれいな池になっていた。

イサマルの町はメインストリート一帯が黄色と白色で統一されている。これはサン・アントニオ・デ・パドゥア修道院の外壁の色に合わせたからであろう。1993年に、ローマ教皇のファン・パブロ二世がこの修道院を訪ねてミサを捧げたそうだ。この近くにある大きな石を用いて構築したキニチ・カク・モー遺跡を再訪した。以前訪ねた時、そこで発掘調査していた考古学者は神殿脇の洞

注5　ユカタン半島北部は石灰岩地帯なので、雨が降ると地中に浸透し、地下水となってところどころで天然の大きな井戸のようなものを形成する。それがセノテである。川も湖もない一帯における貴重な水源として、セノテは信仰の対象となっていた。

穴について、テオティワカンの太陽のピラミッドの下にある洞穴のように信仰の場だったのではないかと語ってくれたものだが、それが無造作に放置されたままとなっていた。

メキシコのテレビで紹介されて話題となっていたエク・バランへも行ってみた。古典期後期から末期にかけての遺跡だが、そこにある神殿の入口を飾る漆喰の彫刻は、極めて特異な表現だといえる。神々が住むあの世の入口を表わしたものであろうが、いろいろな様式や思考が混じっているといった感じだ。

この後で、自然の洞穴を信仰の場としたバランカンチェを訪れた。1959年にアメリカの考古学者ウィリス・アンドルーズによって、この洞穴内の密封された場所が調査された。その壁を取り除くと古代の祭祀の場が、当時のまま一番奥のセノテの前に存在したのである。今回訪ねてみると、内部はきれいに整備されていたが、私には以前の方が、臨場感があってよかったと思われた。

また、ユカタン半島北部の代表的な遺跡（「世界遺産」のほか、新たに「世界7不思議」にも選ばれている）チチェン・イツァへ行った。すばらしい遺跡に変わりはないが、私には遺跡が自然と一体になっていた昔のよさが失われてきているように感じられた。また、近くで近年発見されたイク・キルという地下のセノテへ行った。ここも観光用に開発されていて、セノテでは泳ぐこともできる。

もうひとつの大遺跡ウシュマルへも行ったが、30年以上前、大自然の中に広がる遺跡を知っている私としては、現在のウシュマルも観光用にアレンジされすぎているように思えた。

エク・バラン　神殿入口を飾る漆喰製の彫刻は他に類のない風変わりなものだ

この後、新たに観光ルートとして売り出そうとしている遺跡群が存在する「ルータ・プウク」（プウク地方の遺跡、ウシュマル、カバー、サイール、ラブナーなどユカタン半島北西部のルート）も巡ってみた。

ロルトゥン洞窟はガイド付で内部を回ることになっている。ここからは8000年前の人骨も発見されている。洞窟を入ってすぐのところに「ロルトゥンの頭部」と呼ばれている石彫がある。それにオルメカの影響が見られると聞いたが、あまり似ているとは思わなかった。それよりも洞窟入口の前に置かれたファロス（男根）の巨大な石像の方が興味深かった。ウシュマルには、「ファロスの神殿」と呼ばれる建造物があるように、この地方ではファロス信仰が存在していたのである（土地が石灰岩のため、雨は地下に浸透してしまい、川は存在せず、雨期以外は水不足となる地域なので、雨の神チャークへの信仰と、農作物の豊穣を促すエネルギーの象徴としてファロス信仰は欠かせないものであった）。

ラブナーは華麗なマヤ・アーチで有名な遺跡である。雨の神チャークを表現したプウク様式の装飾が建造物の壁面に見られる。

サイールは3層からなる宮殿で知られているが、観光客の姿は見られなかった。ここにも巨大なファロスをもつ人物の石像が存在する。

アカンケは町の広場の一角に存在する遺跡である。ここでも神殿の壁面に漆喰製の仮面が見られる。以前、広場で花火を打ち上げた時、その火の粉がヤシの葉でつくった神殿の屋根に落ちて焼けたことで、仮面にかなりの被害があったという。

マヤパンはユカタン半島北部の最後の王国と呼べる遺跡である。その最盛期は１２００年から１４４１年にかけてである。ここは周囲を8キロ以上の城壁で囲まれており、遺跡の一部の建物が修復・復元されている。チチェン・イツァの小型のコピーのような建造物である。いけにえの儀式が行われていたに違いないセノテもあるが、こちらはまだ放置されたままだった。

このルートも将来、さらに発掘や修復、そして周辺整備が整えば、外国からの旅行者がくるようになるだろう。しかし今はまだ観光客ゼロといった状態であった。

「ムンド・マヤ」への旅は、外国人観光客を呼び込もうと国際的に大規模な開発が行われているので、お金と時間さえあれば、誰でも行けるすばらしい観光地となりつつある。だが観光開発による自然環境の破壊、そして先住民の伝統的な社会と文化の崩壊が進行していることも事実であった。私が今回の旅で得た最大のものは、自然を大切にしなければいけないということを、再認識したことである。開発と自然保護との共存は、現代世界が抱えたジレンマなのである。

ここに開発にかんする先住民自身の見方として、私がインタビュー（２００１年2月22日と翌年の2月26日の2回）した、キチェ族のリゴベルタ・メンチュウ女史の発言を紹介したい。経済発展を推し進めながら、その一方では自然環境の保護を口にする世界の指導者たちに聞かせたいものである。

『開発についても、西洋のサミットで話される時、先住民は参加しないし、女性も貧しい人びとも参加しません。非常にわずかな人びととあるいは組織が、持続可能な開発にかんする会議に出席します。誰もが持続可能な開発について話します。

この数十年間、貧困との戦いについて話されています。貧困と闘うというのは、とてもよいスローガンですが、貧困と闘うという概念が存在してから、一層貧困がひどくなっています。世界銀行とか米州開発銀行とか国際通貨基金とかいった、銀行の貸付金の多くは、貧困者にとってさらなる債務の負担となります。これはとんでもないことですし、途

ユカタン北部では、エネルギーの象徴として、農作物の豊穣を願ったファロス信仰が盛んだった（ロルトゥン洞窟の前に置かれている）

マヤ最後の王国と呼べるマヤパン　その遺跡の一部が修復されている

方もないことです。貧困と闘うといいますが、世界の片隅にある貧困は同時に増大しています。その意味で、毎日を生きている人びとの小さな経済的イニシアティブを支援する以外の開発について、私は言及いたしません。

ローカル・レベル、一家族、あるいは多くの家族が合同の、自らの持続可能な開発にかんする共同体の自主管理的な開発プログラムが、ラテンアメリカには数多く存在します。共同体が存在する場所では、その共同体のイニシアティブとは生き残るために、わずかな食べ物と仕事が与えられるということです。もし貧困者が開発の概念を持ってないならば、飢え死や病死で、皆死んでいるでしょう。

多くの欠乏と多数の死者が存在しますが、しかしながら共同体や素朴な人びとは、開発について別のビジョンを持っています。私は全てが貧しいのではないと判断しています。私はラテンアメリカにおいて、経済的貧困、物質的貧困にもかかわらず、非常に強固な文化的豊かさ、非常に大きな精神的豊かさ、そして謙虚さが実践されている、とても深い人間関係にある共同体を数多く訪ねました。全ての人びとが隣人に起こっていることに無関心ではなく、相互扶助関係があり、生き残りについての合同の探求があります。共同体の祭り、家族のパーティー、そして人びとの間の協力が、結びつきを強固にしています。しかしそれは全世界的な検討課題から完全に外れた言説なのです。一言でいえば、住民やその社会的必要性と、政府や住民と関わりを持たないマクロな国際機関との関係は、完全に失われていると思います。

それで私たちは開発について語ることができないのです。正義について語ることができないのです。なぜなら正義が諸機関の一定の集団の事柄で、住民全体の事柄ではないからです。

マヤ族は大昔、流血の時代、悲惨な時代、不均衡な時代、生命が危機にある時代だということに、茫然自失したといいます。マヤ族、つまり私たちの祖先は、人類に欠乏、物質的な欠乏だけでなく、精神的な欠乏の時代がくるといいました。それは私たちが生きている時代のことだと思います。しかしマヤ族の祖先は、この時代は過ぎ去るとも言い残しています。人類はその存在について新たに考え直し、再びかつての神々を取り戻し、共存するために、別の方法を生み出すといいました。もしマヤ族が大昔、茫然自失したのが確かならば、私たちには生命、敬意、尊厳を取り戻すという、私たちの闘いが負けない戦いだという希望があります。』

（高山智博「先住民族の思想―リゴベルタ・メンチュウ」（『ラテンアメリカ　開発の思想』、日本経済評論社、２００４年）

――メソアメリカ領域 3――

グアテマラのすばらしき過去と現在

調和と均衡

タカリク・アバフの歴史と文化

グアテマラの代表的な古代遺跡といえば、ペテン地方の密林地帯にあるマヤ最大の都市ティカルであることに間違いないが、今の私にとって最も興味深い遺跡といえば、グアテマラ南部太平洋岸地方のタカリク・アバフである。

それはタカリク・アバフが紀元前900年から紀元900年ごろまで、2000年もの間、平和を守り続けた理想郷ともいえる社会だったからだ。ここは水が豊かな農耕に適した、海抜600メートル前後のシエラ・マドレ山脈の斜面に位置し、周りを密林に囲まれていた。それに高地と海岸、北はメキシコから南はエル・サルバドルに至る、交易の要衝であった。しかし平和を保てたのは、その地理的条件のほかに、タカリク・アバフと各中心地との間で、なんらかの取り決めがあったためなのかもしれない。勿論、当時は金属器の武器も馬も車も存在しなかったことは言うまでもない。

この地方は古くからチョコレートの原料になるカカオの産地であった。しかもカカオが女神として崇められていたことは、出土した土偶から明らかである。後のアステカ時代には、カカオが貴族階級の好む飲物であり、また一種の貨幣として使われていたことが知られている。古代マヤではこの巨木のセイバ（カポックノキ）もこの地方の代表的樹木として挙げられよう。木が天と地と地下界をつなぐ宇宙樹と考えられていた。

現在、タカリク・アバフがある山腹ではコーヒー、エル・バウルなどの遺跡が存在する低地ではサトウキビが大農場によって栽培されている。

上　チョコレートの原料であるカカオの木
下　カカオの女神（ポポル・ブフ博物館）

ところで、タカリク・アバフの歴史は、以下のように分類されている。

先古典期前期末（紀元前９００年—８００年）

トウモロコシなどを栽培する農耕村落の段階。この地の住民がつくる土器はオコス式土器とよばれ、この土器の伝統が２０００年後の後古典期初期まで続いた。

先古典期中期（紀元前８００年—４００年）

オルメカ文化の影響を受けて、中心地のひとつとなりはじめた時期。ジャガーのモチーフを持つオルメカ様式の石彫や、東西を基軸とする都市計画が見られる。ただしオルメカ様式の土器は存在しない。このことはオルメカ文化の思想だけが導入されたということを意味する。石彫に彫られたジャガーは自然界の主であり、生殖力のシンボルであった。

先古典期後期（紀元前４００年—紀元１５０年）

初期のマヤ文化の影響を受けて、タカリク・アバフが最も発展した時期。しかしバリゴン（太鼓腹をした人物の彫像）様式、ローカル（ワニ、ヒキガエルなどの動物の石彫）様式、それに前の時代のオルメカ様式の石彫も、神殿の前に配置された。この期の遺物としては王墓や日付を刻んだマヤの石碑。そして石彫のモチーフとしては蛇が挙げられる。蛇は再生や生殖力のシンボルである。

古典期前期（紀元150年—500年）

変革期。建築様式に変化が見られる。ヒスイの仮面がこの期に出土している。高原の中心地カミナルフユーの没落によって交易路が衰退。しかし独自の発展を見せた。

古典期後期（紀元500年—900年）

復興期。遠隔地から運ばれた巨石を用いた石碑、円盤状祭壇などがこの期の代表的な遺物である。新たな交易路がつくられた。

後古典期（紀元900年—1250年）

崩壊。高地のキチェ族が進入してきたために、住民はこの地を放棄し、タカリク・アバフ文化は消滅した。ユカタン半島南部のティカルなど古典期の諸都市が崩壊したのとは対照的に、この時期からキチェ族、カクチケル族といったグアテマラ高地のマヤ系民族集団が勢力を拡大していった。

タカリク・アバフでの最初の本格的な発掘は、1976年から1981年にかけてバークレーのカリフォルニア大学が行なった。その調査は主に石彫類の発見と遺跡地図の作成に向けられていた。石彫類をオルメカ、マヤ、バリゴン（太鼓腹）およびローカルの4様式に分類したのも、この調査団によってである。

1987年からは、グアテマラの考古学者ミゲル・オレゴ・コルソの指揮のもとに、「アバフ・

タカリク国家プロジェクト」が開始された。それが可能になったのは、フィンカ・サンタ・マルガリータ（農場）の所有者、ホセ・ルイス・ラルダ・ゴンサレスから国へ遺跡の中心部にあたる土地の寄付があったからだ。ここは国立考古学公園を創設するのが目的で、国が全面的に資金を出している唯一の場所である。

この遺跡から発見されたオルメカ様式の石彫は、モチーフによって3種類に分類される。(1)地下界を表わす動物（ジャガー）の口から人間が現れるところを表現したもの（例、人物が神聖な存在であることを示唆しているモニュメント67号）。(2)二元性とか変身といったオルメカ的概念を具象化した、人間と動物を組み合わせたもの（例、顔は人間、体はジャガーで表現したモニュメント93号）。(3)頭飾りや服装で社会階級が分かる人物像（例、支配者と考えられるモニュメント64号、球技者を表わすモニュメント1号）。

オルメカ社会では、王とも呼べるその最高指導者が神聖な出自であることを表現する方法として、自然界の主といえるジャガーと同一視したのである。

球技場もオルメカの影響だといってよい。タカリク・アバフでは球技場が先古典期中期に造られたが、先古典期後期には造成地を拡張するために埋められてしまっていた。最近の発掘調査で掘り返されたが、その後、保存のために再び埋め戻されている。その球技場は南北を向いた細長い2つの基壇からなっていた。それらの長さは23メートル、幅は8メートル、高さは1メートルだった。2つの基壇の間が球技をするための空間である。5メートルの幅であった。それは太陽が東から西へ移動する方向であり、球技そのものが太陽信仰と関連した行事であった。さらに2つの基壇の南側に、東西を向いたもうひとつの基壇が造られていたが、これは儀式の場として使用されたのだろう。古代人が太陽の動きに関心を持つのは、それが春分や秋分、夏至や冬至を中心とした農耕暦と関係するからである。

マヤ様式での彫刻の代表といえるのは、日付が刻まれている石碑５号である。この石碑の両側に正装した人物が立ち、真中に２列の日付が彫られている。そのうちの左側の日付は紀元１２６年に

上　ジャガーの口に人間（オルメカ様式）
下　降雨と関連して信仰の対象となっていたヒキガエル

タカリク・アバフ出土の巨石人頭像（バリゴン様式）

該当すると解読されている。石碑5号は古典期前期の神殿である構造物12号の西側に置かれているが、同じ場所には「ローカル」と命名されている様式のワニやヒキガエルの石像、それに前の時代のオルメカ様式の石像もある。このことはタカリク・アバフが多様な文化と共生していた社会だったことを意味しているといってよい。

ローカル様式の「ローカル」という呼称にたいして、クリスタさんは適切でないという。なぜならばカエルなどの石彫は、グアテマラ高地のカミナルフユーなど、別の場所でも発見されているからだ。カエルの中には猛毒を持つ種類も存在するが、カエルは一般的に雨と関連した聖なる存在と考えられていた。

バリゴン様式の彫刻は、タカリク・アバフのほかに、グアテマラ南部太平洋岸のモンテ・アルトなどに見られる様式である。太鼓腹の人物像は、豊かさあるいは豊穣を意味するのかもしれない。

太陽信仰と関連した神殿としては、構造物12号が挙げられる。この構造物の東側の前には、彫刻されていない石像群が置かれている。太陽は夕方、西方にある穴へ入り、夜間、地中を移動して、朝、再び東方の穴から大空へ昇ると信じられていた。西側の前には、彫刻のある石像が置かれている。古代人は毎日繰り返される太陽の動きに異変が起こらないためには、生きた存在と信じている太陽にエネルギーを与える供え物、とくに血を捧げることが欠かせないと考えていたのである。

頭蓋骨の浮彫がある祭壇は、循環を繰り返す太陽にエネルギーを与えるための儀式の場であったといってよい。神に恵みを願うには、人間もそれに見合った行為を示さなければならないからだ。

タカリク・アバフでは水路跡の発掘調査が、現在も続けられていた。農耕民にとって最も大切なものは、太陽の光と熱、それに水であった。遺跡の中心部から離れたエル・エスコンディテ（隠れ場所）と名づけられた住居祉が発見された場所では、源泉から流れる飲み水用の水路も造られていた。

カミーノ・マヤ（マヤの道）と呼ばれている石畳の道路も発掘修復中である。こうした道路がタカリク・アバフの最盛期には、エル・バウルなどの都市を結んでいた。

交易品ではまず、ナイフなど様々な用具として使用されていた黒曜石があげられる。黒曜石の鉱脈は、グアテマラの高原地帯の２か所（モタグァ川の流域にあるエル・チャヤルとチマルテナンゴ県のヒロテペケ）に存在した。エル・バウルには、交易品としてもたらされた黒曜石を加工する作業場があった。タカリク・アバフはそれをエル・バウルから入手していたのであろう。

一方、支配階級にとっての威信財であるヒスイも、モタグァ川の流域で産出される。ヒスイの緑色は生命を支える水と同一視され、最も貴重な石と考えられていた。

ところで、オルメカからマヤ的への移行は星座の動きで決定されたのではないかと、クリスタさんは解釈している。構造物7号と名付けられた場所に、石碑群が3列、整然と並べられているが、以前から、それらは天文観測用ではないかと推測されていたが、その延長線をクリスタさん等が発掘したところ、供え物の土器660個に囲まれた、蛇の浮彫がある石碑、さらにその石碑の後ろからは、王墓が発見されたのである。

3列の石碑群のうち、西側の列の方角（北東に20度53分）は、紀元前700年から紀元前500年にかけて、大熊座の北斗七星の中心を指していた。北斗七星の形はオルメカの特徴的な「ジャガーの口」を表していると考えられた。

中央の石碑の列の方角（北東に22度53分）は、紀元前600年から紀元前100年にかけて、竜座の蛇のくねった体の背に輝く星エタ・ドラコニスを指していた。この星座はマヤ族にとっても「天の蛇」を表すものだろうと見なされた。

紀元前2000年から紀元前1300年の間、大熊座は安定した位置を維持していたが、紀元前1100年からその位置が動き始め、天から「ジャガーが落ちた」という印象を与えて、紀元前700年にはその「ジャガーの口」が地平線から消えた。

紀元126年の日付が刻まれた石碑（マヤ様式）

モンテ・アルト出土の巨石人頭像（ラ・デモクラシアの広場に展示）

オルメカ文化の信奉者にとって、この現象は破局的だと思われたに違いない。一方、紀元前1800年から紀元400年の間、竜座は天で安定した位置を示していた。そこで当時の人びとには「天の蛇」への変更が、解決策だと思われたに違いない。当時の天文学とは太陽や星の動きを詳しく観察して、物事の判断を決める土台として利用するものであった。

紀元前600年ごろからオルメカ文化が衰退し、そして紀元前400年ごろからマヤ文化が台頭する。つまりオルメカからマヤへの変更は、こうした星座の動きによって決定されたと考えたわけである。しかもマヤ的なものへの移行によって、オルメカ的なものが廃棄されずに尊重され続けたことは、タカリク・アバフ以外の場所では見られない。

南部海岸地方のそのほかの中心地

先古典期中期の遺跡ラ・ブランカで発見された土の祭壇のレプリカが、レタルウレウの町の考古学博物館に展示されている。これは4つの花弁を持つ花のような形から東西南北、つまり四方を表わすものと見ることができよう。ここでも、世界は水平面での四方と、垂直面での天と地、および地下の三界からなるものと把握されていたはずである。

モンテ・アルト出土のかなりの数の巨石人頭像が、ラ・デモクラシアという名の町の広場に展示されている。それらはバリゴン（太鼓腹）様式の典型的な石彫である。人頭像の顔に目をつぶっているのが多いのは、死者の顔を表現したものだからであろうか。

エル・バウル遺跡の石彫はアクロポリスと呼ばれている広大な丘の上に、昔からのままの状態で置かれている。ただしモンテ・アルトの人頭像とは異なり、より後の時代のものである。ここでは今も頻繁に、ニワトリの生け贄を伴うマヤの儀式が先住民によって行われている。

ところで、エル・バウルは紀元37年に相当する日付を持つ石碑が発見されたことで知られている場所である。

エル・バウル農場にある博物館には、有名なジャガーの彫像が展示されている。そのジャガーの勃起したファロス（男根）は、生殖力あるいは豊穣のシンボルだろうと解釈されている。

この博物館にある球技の勝者と敗者を表現したコツマルグアパ様式の彫刻は、勝者がジャガーの仮面を被っている。メキシコ中央高原からの影響が濃厚なコツマルグアパと呼ばれている表現様式は、この地域で紀元６００年から９００年にかけて見られた。ただしこの様式の石彫などはタカリク・アバフには存在しない。

郵 便 は が き

料金受取人払

葉山局承認

32

差出有効期間
平成20年6月
30日まで
(切手不要)

2 4 0 0112

神奈川県三浦郡葉山町
堀内870-10
清水弘文堂書房葉山編集室
「アサヒ・エコ・ブックス」
編集担当者行

Eメール・アドレス(弊社の今後の出版情報をメールでご希望の方はご記入ください)

ご住所

郵便NO□□□-□□□□ お電話 ( )

(フリガナ)
芳名

男・女

明・大・昭 年生まれ

年齢

■ご職業 1.小学生 2.中学生 3.高校生 4.大学生 5.専門学生 6.会社員 7.役員 8.公務員 9.自営 10.医師 11.教師 12.自由業 13.主婦 14.無職 15.その他(

ご愛読雑誌名

お買い上げ書店名

●本書の内容・造本・定価などについて、ご感想をお書きください。

●なにによって、本書をお知りになりましたか。

A 新聞・雑誌の広告で(紙・誌名　　　　　　　)
B 新聞・雑誌の書評で(紙・誌名　　　　　　　)
C 人にすすめられて　D 店頭で　E 弊社からのDMで　F その他

●今後「ASAHI　ECO　BOOKS」でどのような企画をお望みですか?

清水弘文堂書房の本の注文を承ります。(このハガキでご注文の場合に限り送料弊社負担。内容・価格などについては本書の巻末広告とインターネットの清水弘文堂書房のホームページをご覧ください。 URL http://shimizukobundo.com/)

冊数

冊数

高原地方のマヤ系先住民

古代からの信仰は、キリスト教の影響も受けながらも、現在までマヤ系先住民の共通の伝統として残っている。サセルドーテ・マヤ、つまりマヤの祭司たちの主な仕事は、自然をはじめとして、全てのものに調和と均衡をもたらすことだといわれている。

彼らが聖なる書として準拠しているのが、キチェ族の聖なる書『ポポル・ヴフ』である。そこには宇宙創造にかんして、以下のようなことが書かれている。

まだひとりの人間も一匹の動物もいなかった。鳥も、魚も、蟹も、木も、石も、洞窟も、谷間も、草も、森もなかった。ただ空だけが存在した。大地の表面も明らかではなかった。ただ平穏な海と無限に広がる空だけがあった。

夜の暗闇に、不動と静寂があった。創造主と形成主だけが水の中で輝いていた。彼らは緑と青の羽毛に包まれていた。彼らが「大地」と言うと、直ちに大地が出現した。

このように天が宙に浮き、大地が水の中に沈んでいたころ、天の心、地の心によって、大地がはじめて創られたのである。

また人類の創造については、次のように記されている。

人頭像の前で今も先住民が儀式を行なっている（エル・バウル遺跡）

創造主たちは四足動物や鳥を造った後、それらに向かって、喋れ、囀れ、そして天の心、地の心を崇めよと言った。しかし人間のように話すことはできなかった。

そこで創造主たちによって新たに人間を創る試みがなされた。まず泥の人間を創った。けれども彼らは動きもせず、なんらの判断もできなかった。創造主たちは自ら創ったものを破壊してしまった。次に木の人間を創った。しかし彼らも魂も分別もなかったし、創造主たちを思い出すこともなかった。天の心は大洪水を起こして、彼らを破滅し、生き残った者は猿になった。

最後に創造主たちはトウモロコシで人間を創った。最初に創られた4人の男は口が聞け、才能に恵まれ、この世の全てのものを見ることができ、知ることができた。創造主たちは、それは良くないことだとして、彼らの目に霞を吹きかけて、少ししか見えないようにした。それから彼らの妻となる女たちを創った。

私はグアテマラ高地にあるコマラパの町で、カクチケル族の若者から、「マヤの祭壇」（アルタール・マヤ）とその儀式について、パソコンに取り入れた画面を見ながら、説明してもらった。

マヤの祭壇の円は無限を象徴している。まず祭壇をつくるため、地面をコパル（香）と水で清める。それから円の周りに砂糖を撒く。次に円の中心に十字形をつくり、その上にカカオ、花などを置く。黒い粒つぶはポンという一種の香である。

中心に「天の心」を象徴する青いロウソクと「地の心」を表す緑のロウソクを置く。日の出の方角である東に赤いロウソク、これは生命の誕生を意味している。日の入りの方角の西に黒いロウソク、これは死を意味する。風の入口である北に白いロウソク。風が通り過ぎ、雨に道を開く南に黄色いロウソクを置く。昔はロウソクではなく、色の違った花を置いたのだろう。時計とは逆に回る。

「天の心」と「地の心」は二柱の神、あるいは2つの存在ではなく、一柱の神、あるいはひとつの存在である。これは東洋の陰陽に似た考えといってよいだろう。

アステカ族も、宇宙はジャガーの属性を持つテスカトリポカと蛇の属性を持つケツアルコアトル（羽毛ある蛇）が互いに張り合っている場だと捉えていた。これもテスカトリポカは陰、ケツアルコアトルは陽のような存在として理解することができよう。

マヤの祭壇は燃やされ、その火と煙の動きで物事を判断する。重要なのは神々や祖先の霊、そして自然と調和して生きることである。

古代マヤでは2種類の暦が使われていた。そのひとつが13の数字と、それぞれ意味の違う20日からなる260日の祭祀暦である。

もうひとつが360日プラス不吉な5日からなる太陽暦である。これは農業暦で、20日が1か月の18か月からなる。

2つの暦の輪を回すと、太陽暦は52回、祭祀暦は73回で、元の日にちに戻る。つまりマヤでは、日本の還暦に当るのが、52年である。(365日と260日の最小公倍数18980日)。

そのほかにマヤ長期暦というのがある。その大周期の起点は、西暦に直すと紀元前3114年8月13日(または紀元前3114年8月11日)に当り、このサイクルが終わるのが2012年12月23日だとしている。その日に憎悪と物質主義がはびこる世界に破局が訪れるのか、それとも「天の心」と「地の心」が望むような、宇宙のすべてのものとの調和を大切にする新たな世界に向かうのか、我われは選ばなければならないというのである。

マヤの考えでは全てに生があり、我われもその一部なのである。太陽も生きた存在であり、一定の周期に太陽、その結果として地球にも変動が起こる。それが長期暦の5125年目だと考えている。それに人為的な地球環境の破壊が加わって、現在のような危機的ともいえる状況に至っているからである。

ここで、メキシコのアステカ帝国を築いた人びとの末裔であるプエブラ州のナワ族の間にも、自然を大切にしないと、この世は破滅となる、といった言い伝えが残っているので、その概略を紹介しておこう。

昔、ある子供が光の漏れている洞窟を見つけ、その中に入っていった。その奥にタロカン（注1）の主たちがいた。老人たちはある使命を果たしてもらうために呼んだのだ、と子供に伝えた。

老人たちは子供に地上の人間の振る舞いについて尋ねた。子供は「地上の人間は兄弟たちにたいしてよい振る舞いをしていません。自分たちは力ある者と信じ、地上のすべてのものの所有者だと思っています。私はそうした考えに反対です」と答えた。

老人たちは子供を祝福したのち、「あらゆるものの所有者であるわしらは彼らのそうした考えに怒りを覚える。動物を虐待したり、殺したりするが、それはよくないことだ。

地上に戻って、人びとに振る舞いを変えるようにいいなさい。さもなければ、罰することになる」と語った。

子供は地上の親のところへ戻った。親は「神聖な使命なのだから、皆に伝えなさい」といった。しかし親戚縁者以外の者は耳を貸さず、むしろあざけったり、気違い扱いした。彼らは振る舞いを変えるどころか、さらに悪くなった。

それを知ったタロカンの主たちは使命に従った者たちを呼び戻した後、地上にいる者たちを絶滅させてしまった。それからタロカンの主たちは新たに人類を創造し、ひとりひとりに地上に送り出す前に、「お前は地上を明るいものとするために、そしてお前の喜びを動物や植物

注1　アステカ時代、雨の神トラロックが住む場所をトラロカンといった。そこは人びとが没後に行く楽園でもあった。

と分かち合うために行くのだ」と言った。

それから人間が果すべき7つの戒めを伝えた。

＊動物を大切にせよ。彼らも感じるので虐待してはならない。

＊植物を保護せよ。それらのお陰で我われは食物を得ているからだ。

＊水を無駄にするな。それなしでは苦しんで死んでしまうだろう。

＊稲妻をののしるな。それは多くの影響力を持ち、色々なものを破壊するからだ。

＊太陽にはふさわしい供え物をして迎えよ。それから、すべての悪からお守り下さい、と述べよ。

＊大地にたいしては細心の注意を向けよ。種を撒くとき、大地を傷つけずに丁重に扱い、そして、愛しき大地よ、タロカンにまします生命の付与者の名において、ここに種を植えます。どうぞ繁殖させて下さい、と述べよ。

＊風を侮るな。風はお前より力があり、害をおよぼすかもしれないからだ。

タロカンの主たちの話を聞いた後、人びとは地上へ赴き、教えを伝えた。もし戒めが守られなければ、人間は殺し合い、死後、行き場がなくなるだろう。なぜならば創造主たちがタロカンの扉を閉じてしまうからだ。

遺跡の前で「マヤの儀式」を行っているところ（ウタトラン）

ところで、グアテマラ高地のキチェ族の中心地チチカステナンゴにあるサント・トマス教会は『ポポル・ヴフ』が発見された場所として知られている。

その教会の隣の部屋で、私はアルカルデ・インディヘナ（先住民の村長）とプリンシパル・マヨール（最長老）に会った。アルカルデ・インディヘナは私に次のように語った。

樹木には命があります。樹木は我われの生活にとって大切なものです。我われの先祖は、木を1本切ったら、2本植えなければならないと言いました。それは均衡を保つためです。樹木の命は水の豊かさと関係すると理解しています。樹木のおかげで水があります。先祖は、木の根っこが水をつくり出すと言いました。樹木があるうちは我われの生活に欠かせない水があります。先祖は、子孫たちに水を浪費しないようにと忠告しました。それを守らなければ、我われの神の怒りに触れることになります。鳥は雨が降ることを知らせますが、今ではその鳥も少なくなり、先祖の教えを守ることが難しくなっているのです。

この後で、古代キチェ王国の中心地だったウタトラン（キチェ語ではクマルカアー）を訪れた。ここは16世紀前半にスペイン人征服者によって徹底的に破壊されてしまったが、今でもキチェ族の聖地になっている。

サセルドーテ・マヤたちが、遺跡の前や、シバルバという地下界を象徴しているのではないかと考えられる人工的な洞窟の前で、儀式を行なっていた。またその洞窟の中でも、先住民はロウソクを立てて祈っていた。

旅の途中で見た高原の町サルカハーでは、昔ながらの織機で、伝統的な模様を織り込んだ布を織っていた。しかし観光客が集まる民芸品市場の織物には工場製のものが多くなっていた。手づくりでは採算が合わなくなっているからだ。他方、アルモロンガでは商品用の野菜栽培で成功し、住民の多くが車を持ち、家もブロックやセメントを使った2階建てや3階建ての家屋もまれではなくなっている。以前は野菜を買いに非先住民の仲買人がやってきたが、現在では自分たちのトラックを使って市場に出荷している。経済的には確かに豊かになったが、それによって失われたものも多いような気がした。つまり金が人を変えてしまっているところもあるのではないだろうか。

サン・クリストバル・トトニカパンの温泉場では、その湯を使った共同洗濯場があり、女性たちが洗濯していた。最近は先住民の生活も大分変わってきたが、伝統的な光景もところどころで、まだ見ることはできる。

私は45年前にはじめてアティトラン湖を見た時、それこそ世界一美しい湖ではないかと思ったものだが、現在は観光地化が進んで、観光船やモーターボートが行き交う湖になっている。景色の美しいことに変わりはないが、かつてのような神秘的な感じはしなくなっていた。

今回のグアテマラの旅は、人間にとって幸せとはなにか、また進歩とはなにかを、模索する旅であったように思う。我われにとって身近でもっとも大切なものは、家族の幸せである。家族に対するような気持をそのほかのものにも広げなければならない。なぜならばすべての存在が地球という共同体の一員だからである。

マヤの世紀末といえる２０１２年を無事に通過し、よりよい時代を迎えるためには、あらゆるものとの調和と均衡を取り戻すことが必要だと、サセルドーテ・マヤは主張している。

上　現在のマヤの祭司たちがつくる「マヤの祭壇」
下　土産売りの少女（チチカステナンゴの市場にて）

—中間領域　1—

コスタリカ

美しい自然と謎の石球を探る旅

私がはじめてコスタリカへ行ったのは、スペインからの独立150年祭で賑わっていた1971年9月のことである。その目的は、古代メソアメリカ文明の母といわれたオルメカ文化のものと思われるヒスイの彫刻が、メソアメリカの圏外と考えられているこの国で発見されていたからだ。さっそく考古学者のカルロス・アギラール博士に、緑色に輝くそのヒスイの彫刻を見せてもらった。当時、私はそれに感激してしまって、国立博物館の中庭に置かれていた石球のことは、見たはずなのにすっかり忘れ去っていた。

だが今回（2004年）、その石球が、いつ、誰が、なんのために造ったのか分からない、謎の物体であると話題になっていることを知り、それを現地へ行って調べることにしたのである。と同時に、この国が21世紀型の観光として脚光を浴びているエコツーリズムの先進国だというので、その代表的な観光地も訪ねてみた。

その前に、コスタリカとはどのような国かその概略を記しておこう。

コスタリカ共和国は面積5万1100平方キロメートル（九州と四国を合わせたほどの大き

黄色い花をつけたタベブイアの花

さ)、人口約430万人(2004年)という規模の国である。その人種構成は白人とその混血95パーセント、黒人3パーセント、先住民など2パーセントとなっている。国土の北がニカラグア、北東と東がカリブ海、西と南が太平洋、そして南東がパナマである。内陸には山岳地や高原が至る所に存在する。主要産業は、最近では集積回路などの製造業、それに伝統的な農業(コーヒー、バナナ、パイナップルなど)であるが、年に120万人(2003年)もの旅行客が訪れる観光立国としても知られている。それは国立公園と保護区の総面積が国土の4分の1を超えることからも分かるであろう。コスタリカには地球上の動植物の約5パーセントが生息している。たとえばランは1000種以上といわれている。またモンテベルデなどの雲霧林ではケツァルやハチドリなど、カリブ海岸のトルトゥゲーロ国立公園では毎年、産卵にやってくるウミガメを見ることができる。コスタリカはこのように恵まれた自然を積極的に利用したエコツーリズムのメッカなのである。

国際観光にとっての楽園

コスタリカが国際観光の分野で成功しているのは、この国が世界で唯一の非武装永世中立国であることも関連しているといえよう。なぜならば観光は平和時の産業だからである。

コスタリカはかつて国土の大半が森で覆われていた。しかし１９８０年代前半までは、牧畜や農業のために森を伐採する、激しい自然破壊が続いていた。エコツーリズムはそのことの反省から生まれた。そして残った自然を保全しながら、持続的発展を遂げようという、国家を挙げての取り組みが実を結んだのである。

コスタリカの旅の出発点は、首都サンホセ（人口約50万人）である。上空から見たサンホセ周辺は確かに樹木がほとんどないはげ山と、一部が畑といった景観である。ここは海抜１１５０メートルの高原に位置している。昼間はかなり暑いが、朝晩は涼しくて快適である。近年、人口や車の数が増えたとはいっても、まだ空気がきれいで落ち着いた都会といえるだろう。

サンホセではまず、コスタリカ大学の人類学社会学学校で、研究者のセシリア・アリアスさんなどにお会いして、古代の石球について質問した。石球が出土するのは、格差がない農耕社会ではなく、首長制社会になってからだといっていたが、同感である。彼女から最近の人類学研究にかんする論文集をもらったが、そこにはコスタリカが多文化多言語国家だといった記事もあった。しかしかつて白人の国だと自負していたのにと、認識に対する時代の変化を感じた。先住民の中には伝統文化を残している民族集団も、わずかながら存在するが、観光客用に、伝統的と思われるものをごちゃまぜにした形で見せている集団もいるとのことだった。ほかに、それらの先住民に伝統文化の回復と再創造を呼びかける論文もあった。

コスタリカ大学では、石球よりもバリル（樽の意。ビア樽のような形をした石像）と呼んでいる特徴ある石彫を研究しているとのことだ。

首都ではいくつかの博物館を訪れた。国立博物館には大石球が何点か展示されている。ここは1948年の内戦以前は、兵営として使われていた建物だが、その後、軍隊が廃止されたために、博物館として使用されるようになったところである。ここで石球研究の専門家、フランシスコ・コラーレス館長に会い、彼自身が石球のある遺跡を案内してくれると約束してくれた。首都にある大統領府の中には、彫刻が施された石球が展示されている。それについてコラーレス館長は、「ジャガーが飛びかかろうとしているところ」だと説明していた。

ほかに、ヒスイ製品だけでなく、土器などの逸品も見られるヒスイ博物館、それに様々なモチーフの黄金製品が展示されている黄金博物館も見て回った。とくに黄金博物館では、「フィンカ第4号」という遺跡から発見された墳墓の原寸大の模型を見ることができた。その墳墓には豪華な黄金細工などと共に、小型の石球が副葬品として埋葬されていた。

未開の自然とバナナ畑の中にある石球群

謎の石球を実際に見て回る旅は、サンホセから小型飛行機で、コスタリカ南部のバイーア・ドラケ（ドレーク湾）から始まった。降りたところはジャングルのまっただなかで、そこには樹木を切り開いて造った滑走路が1本あるだけだった。近くに建物らしきものもない。滑走路脇に数台の車が停まっていたので、そのうちの1台に乗って海岸まで行き、そこから日本製のモーターが付いた小船で、近くの浜辺へ行った。

私が宿泊するロッジはその浜辺から少し坂を登ったところにあった。乾季のためか思っていたほどは暑くない。昼食をとった後、海岸沿いにリオ・クララ（澄んだ川）へ散策に出かけた。そこには文字通り、水が澄み切っている小川があり、数人のヨーロッパ人が水浴びをしていた。またジャングルの中を流れる川を、手漕ぎのボートに乗って、上流へ探索に出かける者もいた。私は川べりの木陰で一休みしたが、まさにここは地上の楽園といってよいと思われた。

ロッジでの夕食は、卒業旅行でやってきたという日本人女性2人と一緒だった。それはロッジ側で気を利かせて、日本人3人の名前を書いた名札を同じテーブルの上に置いてくれたからだ。彼女らはインターネットで、コスタリカ旅行をアレンジしたといっていた。しかしよくこんな僻地までやって来たものだと感心させられた。

翌朝、別のメーカーの日本製モーターが付いた小船で、カーニョ島へと疾走した。同船者はスペインの若者数人だった。少し進んだところで、突然、6、7匹のイルカが姿を見せ、小船の周りを行ったり来たりした。それはまるで我われを歓迎しているようであった。島へ近づいたところで停船し、紺碧の海に入って、ひとしきり泳いだものだが、なんともいえず気持がよかった。

島へ着くと、スペインの若者たちはそのまま浜辺に残ったが、私はガイドと共に、ジャングルの中にある遺跡見物に出かけた。この島は昔、先住民の墓場だったといわれているからだ。あちこちに盗掘された穴が草に覆われてあるだけで、目当ての石球を見たのは、結局2か所だけであった。しかも大きさは直径5、60センチ程度の石球だった。想像していたような大石球ではなかったが、確かにこれらの石球は、黄金製品と共に、支配者の墳墓に副葬品として埋められたものにちがいない。夕方ロッジへ戻ったが、そこのベランダで浴びたそよ風が旅の疲れを吹き飛ばしてくれた。

フィンカ第６号の石球
東西線上に並べられていた

エル・シレンシオの大石球　２．５メートルというコスタリカ最大の大きさである

翌日は念願だった石球遺跡巡りの日である。浜辺から小船に乗って、シエルペの船着場へ向かった。そこはマングローブの森に覆われた川の入り江にあった。その川岸で国立博物館のコラーレス館長が出迎えてくれた。私は氏の案内で、世界遺産に申請中だという、ディキス・デルタにある石球群を見て回ったのである。

最初に訪れたのは、バナナ畑の中にある「フィンカ第６号」という名が付いた遺跡である。ここには発見時から一度も動かされたことがない、直径１・60メートルと１・30メートルほどの石球が２組存在する。それらを磁石で計ったところ、両方とも東西の線上に位置していた。「これは春分や秋分など、太陽の運行と関係があるのではないだろうか」と、館長に尋ねてみた。館長はうなずいて、それを確かめるために、春分の日などに再度調査し、今年中に結論を出したいと言っていた。

東西線上の大石球は、太陽の運行と関連するのではないかと私は思っている。石球の発見時には、三角形などの図形の線に並べられていた石球もあったと言われているが、それらは別の天体の動きと関連があったのかもしれない。そのほか、領地の境界線を示す標識として使用していたのではないかといった説もある。また支配者の墳墓に、黄金細工などと一緒に小型の石球が安置されている例があるが、これは権威のシンボルのひとつなのだろう。

別の「フィンカ第4号」遺跡から発見された石球は、パルマル・ノルテの街角に置かれていた。テラバ川の反対側にあるパルマル・スルの公園にも、真ん丸な石球が6個、無造作に置かれていた。

次に最大の石球が存在する遺跡、エル・シレンシオへ行った。そこは林の丘の中ほどにある。その石球の大きさは直径約2・5メートルという巨大なものだが、ほかの石球とは違い、どうみても遠方から運んだものとは思えなかった。この疑問にたいして館長も、「この土地から出た石で造ったものだろう」と語っていた。

最後に見て回った「バタンバル遺跡」は、東西を見渡せる丘の上にある。日の出の方向にはテラバ川があり、日没の方向には海がある。こうした地理的な位置も、古代人の宇宙観や太陽信仰と関連しているのではないかと思われた。

コスタリカの古代人は、自然との共生を大切にしながら暮らしていた。そして万物の生存を可能にする太陽を畏敬していた。したがって太陽の運行にも強い関心を寄せていたはずである。なぜならばそれが農耕民にとって重要な雨季や乾季の訪れを知らせる、暦の役目も果たしていたからである。

ディキス地方には現在、先住民のボルカ族が住んでいる。館長の車に同乗していた若者を、私は当初、館長の助手だと思っていたが、そうではなくボルカ族の若者であった。我われが乗った車は、彼ら先住民の居住地クレーへと向かった。彼を家に送り届けるだけかと思い込んでいたら、この若者の家の敷地そのものが遺跡だった。そこからは石球や黄金細工も発見されているので、私にその遺跡を見せるために、連れて行ってくれたのである。この若者の話だと、石球には呪術的な力があるので、今でも治療の際は、それを手で触るとのことだった。別れ際に、彼の住所を聞いたところ、手渡してくれた紙には、彼のEメール・アドレス、そして自分の名前の後に、「クレーの王」と書かれていた。

この後、昔ながらの手法とタラバ川から取ってきた同じ種類の石で石球をつくっているという、老人を訪問した。彼は古代の石球は宇宙人がもたらしたものでも、アトランティス大陸の遺産でもないとの信念から、石球造りをはじめたのだそうだ。彼の家の中庭の机には、直径2、30センチほどの石球が10個ばかり置かれていた。それらは売り物で、私にも買わないかと言われたが、残念ながら旅行中なので、重たいものは持って行けないと辞退したところ、老人は「後で後悔するよ」、と私に言った。

サンホセへの帰路は、予約していた飛行機が滑走路の整備でキャンセルになったため、コラーレス館長の厚意で、博物館の車に同乗させてもらった。しかも陸路の方が様々な景色を満喫できて楽しかったといえる。途中、山間の町にある館長の実家へも立ち寄った。ここで彼の母親がつくった手料理をご馳走になったが、それは今でも印象に残るうまさだった。

私はコスタリカ旅行の後、メキシコのグアダラハラ近郊の山の頂き付近に、巨大な石球が存在するというので、それを見に行った。かつては川が流れていたのではないかと思われるくぼ地に、1メートル50センチから2メートルほどの石球が2、30個転がっていた。その石の風化して崩れ落ちたかけらを、東京の国立科学博物館の専門家に見せたところ、マグマが地上に現われる途中の温度で、このような石球になったり、黒曜石が造られたりするのだと言っていた。少なくともこの時見たメキシコの石球は、人の手によるものではないと言えるだろう。

火山や湖と動植物の宝庫

石球遺跡巡りに続いて、エコツーリズムの実情を知るため、アレナル火山国立公園とモンテベルデ雲霧林保護区を訪ねた。

サンホセを出発して、途中でグレシアという緑豊かな美しい町へ立ち寄った。グレシアとはスペイン語でギリシアのことだが、国名が町名となったのは、ギリシア・トルコ戦争の際に、ギリシアを支援したのが縁だといわれている。丘の中腹にはそれを記念したきれいな教会が立っている。

この町から近いサルチーは、木製の色鮮やかなカレータ（牛車）の生産地として知られている。現在では装飾用、または土産用として、大小のカレータがつくられている。

そこからサルセードへの道を行くと、途中で目にした黄色いタベブイアの花が見事だった。またサルセードの教会の前にある、動物などの形に切り込んだ様々な樹木もめずらしい。

アレナル火山とアレナル湖

さらに進むと、富士山そっくりのアレナル火山が目の前に見えてくる。その麓にある町が、アレナル火山や温泉地タバコンなどへの観光の拠点、ラ・フォルトゥーナである。私はここで昼食を取った後、アレナル湖を半周した高台にあるロッジへ向かった。

そのロッジで何組かの外国人グループと出会ったが、皆、この風光明媚な場所に満足げであった。ロッジのそばにある森の入り口に、マレク族という先住民が、仮面などの民芸品をつくって販売している小屋があるというので、早速訪ねてみた。上半身裸で腰みの姿の若者が出て来て、私の胸を軽く叩きながら、「カピ、カピ」といって挨拶してきた。マレク族の言語はほかの先住民のそれと全く異なる言語だという。この民族集団はトウモロコシやユカなどを栽培する農耕民であるほかに、民芸品もつくっているそうだ。

コスタリカには先住民の集団が24も存在するが、そのうち4つだけが伝統文化を残しているらしい。この若者もジャガーや蛇をモチーフとした仮面をつくっており、人間には動物の霊もついているので、それを仮面に表現しているのだと話していた。まだ16歳だというのに、伝統文化について穏やかな口調で話す彼に、日本なら「今時めずらしい、なんと育ちのよい若者なのだろう」と言われるにちがいないと思った。

翌日はガイドに連れられて、森の中を歩いて一回りした。森を樹上から眺めるキャノピー（ロープウエー）もあるが、カミナータ（ハイキング）を選んだのは、森に住む動植物についての説明が聞きたいと思ったからだ。「落葉は都会ではゴミかもしれませんが、ここではそれが様々な新たな生命を生み出すもとになっています。森ではすべてが循環しています」というガイドの言葉が耳に残った。

このガイドは元英語教師だったが、その後、観光やエコロジーについて専門的な教育を受けたそうだ。例えば、ハキリアリ（ソンポパ）のひとつのコロニーには６００万匹も棲んでいて、それぞれが役割を果しているとか言っていた。コスタリカでは小学校から自然環境の大切さについて学ぶらしい。

次の訪問地はアレナル火山である。この山の中腹にあるロッジは、１９６８年にアレナル火山が噴火した際、その調査に来た米国のスミソニアン研究所の専門家たちを泊めるために造った宿舎であった。今ではここが、アレナル火山やアレナル湖（発電用ダムとしてつくられた人造湖）を巡るエコツーリズムの基地のひとつとなっている。部屋の窓を開けると、松林を通して標高１６３３メートルのアレナル火山が眼前に迫ってくる。ここのレストランは極力、電気を節約するためか、テーブルごとにローソクを立てていた。翌日、アレナル火山の溶岩地帯へカミナータに出かけたが、その景色のすばらしさと快適な気候とで、最高の気分を味わうことができた。

緑の尾羽を持つ幻の鳥ケツァル

秀麗なアレナル火山を後にして、私はモンテベルデへと向かった。白人が入植する以前、ここはコロビシ族という先住民がわずかに狩猟や採集の場としていたところである。コスタリカ人がはじめてここへ定着したのが1918年、そしてアメリカからクエーカー教徒が兵役を逃れてやってきたのが、1951年とのことであった。モンテベルデ（緑の山）という地名は彼らが命名したのである。その後クエーカー教徒の主導で結成された協同組合は、天然資源の保護にも力を入れた。このことがきっかけとなって、生態学的多様性に満ちたこの一帯が、エコツーリズムの拠点として変貌していったのである。

ここでは、増え続ける外国人観光客の需要に合わせるためか、私が泊まったホテルも増築中だった。しかしこれ以上、観光化が進めば自然保護も難しく

右　ワニが棲むタルコレス川
左　動物霊を描いた仮面を作って売るマレク族の若者

なるのではないかと感じた。せっかくのエコツーリズムという「持続可能な観光開発」も、貴重な動植物の存続には繋がらないかもしれない。

夕方、このホテルの滞在客と共に、エコロジカル・ファームのナイト・ツアーへ出かけてみた。懐中電灯をかざしながら、アグーチ（オオテンジクネズミ）の群れ、木の上で眠っている鳥や蛇、穴の中でじっとしている巨大な蜘蛛タランチュラ、直径数メートルもある蟻塚へ向かうハキリアリの行列などを見たが、私が一番感動したのは、暗闇を飛び交う蛍の光とコオロギの鳴き声、それに満天の星だった。

翌日は、熱帯科学センターが所有するモンテベルデ雲霧林生態保護区を訪ねた。ここでは幻の鳥ケツァルを見ることができた。私はデジタルカメラをガイドの望遠鏡に接続して、慌ててシャッターを切ったものだ。

サンホセへの帰路は、まず太平洋岸へ行き、日本からの円借款でできたという、カルデラ港を過ぎて、再び内陸へ向かった。タルコレス川を横切る橋に差し掛かると、その橋の欄干で何人かが下を眺めていた。私もそこへ行って覗いてみると、なんとワニが10匹以上も悠然と泳いでいるではないか。コスタリカの景観は、火山や温泉があるなど、日本に似ていると感じていたものだが、それらの巨大なワニを見てからは、やはりここは違うなと思い直した。

人間は自然環境の一部

その日の午後、サンホセに戻ったが、そのまますぐに近郊の山地にある、ロドリゴ・コラソ元大統領が経営する、エコツーリズムを売り物とするホテルへ行った。そこは雲霧林地帯なので、霧が出ると一寸先も見えなくなる。夜はかなり寒いため、暖炉に薪をくべたが、すべて枯れ木を使っているのは、さすがだと思った。

コスタリカの旅は、「自然ほど美しいものはない。自然を大切にしなければならない。しかも人間はその自然環境の一部である」という、この元大統領の言葉を再認識するものであった。

年表　コスタリカ

年代	時代	グラン・ニコヤ（グアナカステ）	中部地方（カリブ海岸から太平洋岸）	グラン・チリキ（ディキス）
10000–7000	最初の住民	ボリビア	グアルデリア	
7000–2000	狩猟採集から初期農耕へ	フォルトゥナ	フロレンシア	
2000–300	初期農耕から平等農村社会へ	オロシ	ラ・モンターニャ／バルバ、ロス・スエニョス／チャパロン	
300 B.C.–A.D. 300	平等農村社会から首長制農村社会へ	テンピスケ（ヒスイ）	エル・ボスケ／パバス／ロン・ロン	シナンクラー
300–800	首長制農村社会	バガセス（ヒスイ・黄金）	ラ・セルバ／クリダバト／プラタナル	アグアス・ブエナス
800–1500	後期首長制社会	サポアオメテペ	ラ・カバーニャ／カルタゴ／ベネシア	チリキ（大石球、黄金）

コロンビアの古代文明とパナマの先住民文化

──中間領域 2──

コロンビアの古代史は、アメリカ大陸のほかの領域と同様に、その起源は1万年以上前に遡る。最初の住民は、食物の全てを自然界に依存する狩猟採集民だった。彼らはそうした日々の生活を通して、太陽などの天体の動き、そして動植物に見られる生と死と再生を観察して、確固とした宇宙観や自然観を創り出した。

その後、狩猟採集の生活から自らの手で食料を生産する農耕生活へと移行する。コロンビアではその移行期に、メソアメリカやアンデスよりも古い土器がつくられる。それがアメリカ大陸最古の土器といわれる、サン・ハシントの土器である。その遺跡はカリブ海沿岸から内陸へ少し入った場所で発見された。年代は紀元前4000年から紀元前3000年にかけてのものである。

石彫で有名なサン・アグスティン文化は、紀元前600年前から紀元800年にかけて存在した。そのうち石像が製作されたのは、紀元前後から紀元800年にかけてであった。それらの石像はジャガーのような口を持つ人物像であることが特徴だといえる。

人びとが森を焼いて畑をつくり、トウモロコシやジャガイモを自らの手で生産する農耕定住村落が出現すると、生活にゆとりができて、文化や社会は飛躍的に発展する。

しかし気候変動などの天変地異によって、ひとたび深刻な食糧危機が生じた時、人びとはそれを焼畑などによって、勝手に自然を破壊し、自然に対する感謝の念が薄れたことに対する天罰ではないかと考えたに違いない。そこで出現したのが新たな神に対する信仰である。その神というのはジャガー（虎に似た猫科の猛獣）と人間を合体したような、怒った顔で表現され

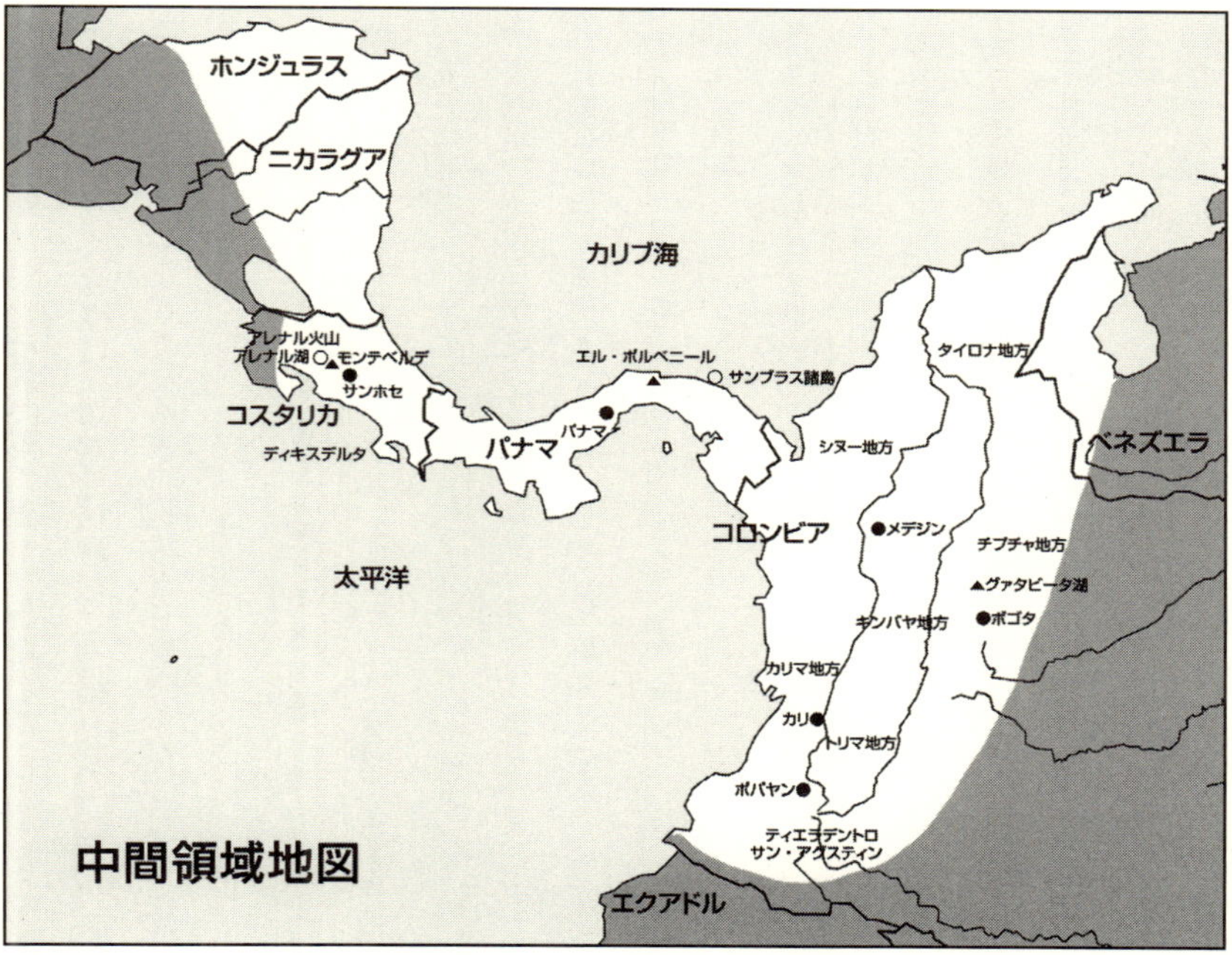

中間領域地図

馬に乗って丘陵地帯に広がる遺跡をめぐる（サン・アグスティン）

た。同時に、この神の信仰と結びついた者が支配者となった。

こうしたジャガーの口を持つ人物像は、幻覚性植物などを摂取して、トランス状態に陥り、ジャガーに変身したとされる霊的指導者を表現したものとの解釈もある。

しかしサン・アグスティンの石像は、宇宙や自然との媒介者としての霊的指導者そのものの像というよりも、古代の日本人が考えたような神に近い存在を表現した像ではなかろうか。

また、このジャガー神は、太陽と関連する神と解釈することもできる。アマゾン地帯に住む先住民の伝承に、太陽とジャガーを結びつけるものが多いからである。

サン・アグスティン探訪

私は1973年10月4日、念願だったサン・アグスティンを訪ねることにした。首都ボゴタを早朝の4時ごろ、乗り合いタクシーで出発した。窓の隙間から風が入ってくると、肌を針で刺すような寒さを感じた。どうにか寒さに耐えているうちに夜が明けて、徐々に暖かくなり、ネイバに着いた時は、逆に暑さでふらふらするほどだった。同乗していた4人の客はここで降りてしまい、サン・アグスティンまで行ったのは、私ひとりだった。すぐに考古学公園へ行って管理人に会い、彼に紹介された警備員に同行してもらって、公園をひと回りした。墳墓の前に立つジャガーの口を持つ人物の石像はさすがに迫力がある。サン・アグスティンは山々に囲まれたすばらしく景色がよいところにある。雨がかなり降るらしいが、この日は快晴で気持よかった。夕食を食べに町の中心を歩いていると、土産屋を見つけたので、入ってみると、3人の中年女性がいた。彼女たちは最近、ここを訪れるアメリカ人が多くなったとかで、英語の勉強をしているところだった。アメリカ人の中には、ここに農場をつくって住みついている者のほかに、ヒッピーも多いとのことだが、それはマリワナが簡単に手に入るかららしい。

翌朝の7時半にはタクシーで町から3キロの地点にある考古学公園へ行った。そこで博物館の

上　メセータBの石像群　ジャガー神に守られた王の墓なのだろう
下　器を持つ女性像　単なる女性ではなく、女神であろう

展示物を見たり、図書館で人類学関係の雑誌を読んだりしながら、雨が上がるのを待った。10時ごろには日が照りだしたので、メセータBから見物をはじめた。メセータとは塚のことである。そこにジャガー神に守られた支配者のお墓が存在する。

そのひとつのジャガー神の像は、コカ（コカインの素になる幻覚性植物）の葉を噛むために使う器具、つまりコカの葉を噛むときに使う石灰の粉を入れたと思われる巻き貝と、それを取り出すためのへらを持っている。この像の両脇に置かれた棍棒を持つ人物像は護衛であろう。その頭上には第二の自我である守護霊の動物が乗っている。それから川岸にある岩に、蛇やトカゲ、それに人物像などが彫れたラバパタスの泉と呼ばれている場所へ行った。ここでは農作物の豊饒を願って、水にかんする儀式を行なっていたのであろう。農耕民にとって、水は太陽と同じくらい大切なものだからである。

さらにメセータAでは男神像や月の女神と解釈されている女神像など見物してから、公園の管理事務所の中庭のメセータDや「石像の森」を見て回った。どれも迫力のある石彫だった。

昼食のためホテルへ戻った。ホテルの若主人から、今日は天気がぱっとしないので、「偶像の丘」（アルト・デ・ロス・イドロス）へは明日、自分の車で行きましょうと言われた。今日の午後は馬に乗ってエル・タブロン、ラ・チャキーラ、ラ・ペロータを回ったらよいというので、生まれてはじめて馬に乗ってそれらの場所を訪れた。エル・タブロンにはすばらしい女性像が立っていた。ラ・チャキーラでは風光明媚な渓谷の中腹に岩に刻んだ像が見られた。ラ・ペロータにはフクロウと人物像の石像があった。馬に乗っての見物は楽しかったが、狭い尾根を登ったり下ったりしたので、さすがに疲れてしまった。ホテルへ戻った時は日も沈みかけていた。

子供を抱えたジャガー神
神が人間との間に生んだ子か、それともいけにえか

次の日の朝、ホテルの若主人の車で見物に出かけた。まず落差130メートルあるというモリーニョ滝に立ち寄った。実際はそれ以上あるように思えた。滝を見物した場所には柵もなにもなく、足を滑らしたら万事休すだ。続いてアルト・デ・ロス・イドロスへ向かった。ここには器を手に持つ女性像、着色の色が残っている男性像、ジャガーの石像などがある。さらにアルト・デ・ラス・ピエドラスでは、第二の自我（動物霊）を頭に乗せた有名な人物像などを見物した。最後にサン・アグスティンの近くにある、落差300メートルというボルボネス滝へ行った。その渓谷美には感心したが、ここも見物する場所に柵がなく、しかも山刀を持った猫背の小男がこちらへ近づいてきたので、そそこに引きあげた。

7日の朝3時半のバスでサン・アグスティンを発ち、ガルソンへ向かった。そこから別のバスでラ・プラタへ行った。しかしそこから先はバスもタクシーもないとのことだ。この町で共産党の機関紙を売っていた高校生と出会った。来年にはメデジンの大学で社会学を勉強したいという、この若者が知り合いの車を借りてきてくれたお陰でサン・アンドレスへ行くことができた。ティエラデントロの名で知られる古代墳墓が丘の上に存在する。いつごろのものか、年代ははっきりしないらしい。その墳墓のらせん状の階段を7、8メートル降りたところの壁に、着色された線の模様や死人の顔らしき浮彫があった。この地の先住民は祟りがあるといって、墓の中へ入ろうとしないとのことだ。確かにぞっとする感じがした。ここから2・5キロの地点にある先住民が造ったカトリック教会も見物した。200年は経っているらしい。ここの先住民の顔は日本のお百姓さんに似ているが、はだしであったりして、かなり貧しい。それに酔っ払いが多い。

ムイスカ族の伝承

16世紀にスペインの征服者たちが追い求めていたのが黄金郷であるが、その場所と信じられたのがコロンビア中部の山上にあるグァタビータ湖（ボゴタから50キロ）であった。そこでは次のような儀式がムイスカ（チブチャ）族によって行なわれていた。

「昔から人びとはグァタビータ湖に住む神（この湖の主は蛇だったとも伝えられている）に供え物を捧げていた。この地方の新たな王となる者は、その儀式のために、湖岸で裸になり、全身に蜂蜜や樹脂を塗られ、金粉を付けられた。夜明け前、4人の従者と共にイカダに乗って、湖の中ほどへと進んだ。そして太陽が昇ると、王となる者は水中に飛び込んだ。金粉は水底に沈んでいった。こうした行為によって神に感謝すると共に、この者は、王としての権威が与えられたと考えられたのである。水中から出て、王としての衣服を着せられると、湖岸で打ち鳴らされる太鼓の音に合わせて、イカダからはさらに黄金細工やエメラルドが湖に投げ込まれた。後に、こうした話がスペインの征服者の間に伝わり、エル・ドラード、つまりスペイン語で黄金の人を意味するこの言葉が、黄金郷伝説の語源となったのである」

コロンビアの古代人にとって、黄金は経済的な価値によってではなく、地上の全てのものに英気を与える太陽の光りと同じ色なので、神聖視されたのだろう。

他方、鮮やかな緑色をしたエメラルドは、生命の源である水の色を象徴しており、これも聖なる石として尊重された。同じく緑色をした石であるヒスイは、グアテマラのモタグァ川流域が産地で、その拡がりはメソアメリカ各地から中間領域のコスタリカまで伝播していた。

一方、エメラルドの伝播は産地であるコロンビアからパナマやペルーへと伝播した。ただし石の特徴から彫刻はされずに、小さくカットされて、黄金細工の装飾としてはめ込まれたりした。征服後、スペイン人は何回もグァタビータ湖から大量の黄金細工やエメラルドを引きあげたのである。

ここで、バカタ（ボゴタ）のシパとウンサ（トゥンハ）のサケという、２つの首長国の連合体を構成していた、ムイスカ族の宗教と神話について若干触れておきたい。

エル・ドラード伝説を連想させる黄金のイカダ（黄金博物館蔵、ボゴタ）

ムイスカ族は主要な神として、太陽神のスエー、月の女神（スエーの妻）のチーア、それに創造神のチミニガグア、ムイスカ族の母バチュエー、文化英雄のボチカを崇拝していた。

人びとは6月21日の夏至の日に、スエーの神殿へシパの主だった人びとの行列を見に出かけた。その日は特別な祭りの日なので、男も女も子供も皆、インジゴ（藍色）とベニノキ（黄赤色）で化粧をし、歌ったり、踊ったりした。またそこで出されたチチャ（トウモロコシ製の地酒）を飲んで酔っ払った。翌日は皆でよい収穫があるようにと祈願するため、供え物を捧げる儀式に参加した。祭りはさらに4日間も続いた。

神話によれば、チミニガグアは宇宙の創造者である。彼は光の起源である黒い鳥を空中へ投げつけると、それが後に太陽、月のきらめき、そして虹に凝縮した。

大地母神と言えるのがバチュエーである。ある日、イグアケ湖から美しい女性が男の子を抱いて現われた。この女性がバチュエーである。彼女は男の子が大きくなるまで湖のほとりに住んでいた。その後、彼と結婚し、沢山の子供を産んだ。それらの子供がムイスカ族である。バチュエーは彼らに狩猟の仕方や耕作の仕方、規律を守ること、神々を崇拝することを教えた。歳をとると、バチュエーは夫と共にイグアケ湖に戻り、そこで蛇に変身した。

ボチカは、メソアメリカのケツァルコアトル、アンデスのビラコチャときわめて似た文化英雄であるといえる。ムイスカ族が混乱に陥っていた時、東方から白いころもを着て、手に黄金の杖を携えた、白い髪と白いひげの老人が現われた。この老人がボチカである。彼は人びとに、技術や戒律について説いた。種を播いたり、家を建てたり、綿やリュウゼツランの繊維で織物を織ったり、土器を焼いたり、時間の数え方、種まきや収穫のための時期の決め方を教えた。あるとき、ユイタカ（月の女神チーアの化身）は、働く者たちの守護者であるチブチャクンと組んで洪水を引き起こした。ボチカは虹の上から、溜まった水が流れ出るように黄金の杖で岩を叩いて割った。テケンダマの滝はこうしてできたのである。ボチカは罰としてウイタカをフクロウに変えてしまい、彼女に天を背負わさせた。そしてチブチャクンには大地を背負わせた。彼が肩をかえる度に大地は振動するのである。

エル・ドラード伝説の地、グアタビータ湖

２００５年、もう一度、サン・アグスティンを訪ねてみようと考えた。しかし日本を出発する前に、何人かの友人から治安が悪いから行かない方がよいと強く忠告されたので、サン・アグスティン行きは取りやめにした。その代わりに以前から憧れていたグァタビータ湖へ行くことにした。4月23日（土）のことである。朝の9時ごろコロンビアの知人が車で迎えに来てくれた。１時間半ほどでグァタビータ湖の入口近くまで行ったが、入場券がなければ入れないという。そこでセスキレーの町まで舞い戻り、そこで切符を購入した。外国人は１２０００ペソ。それにミニバス代が５０００ペソだった。ミニバスは12時に出るというので、その間、コロニア風の静かなたたずまいの町を見て回った。乗客は私のほか、２組のフランス人らしい家族のみであった。

グァタビータ湖は自然が荒れていたので、３年半ほど立ち入り禁止だったが、ちょうど1か月前から訪問が可能になったとのことだった。ガイドがところどころで、以下のような説明をしながら、湖を展望できる海抜３１００メートルまで登って行く。

＊体に金粉を塗った首長が、舟に乗って湖上に姿を現すのは春分と秋分の月の出ている夜である。湖岸ではたいまつをかざした者たちが湖面を照らした。

＊伝承によると、２匹の黄金の蛇（スエとボチカ）が人の姿で動植物や人類を創造した後、グァタビータ湖に来て、蛇の姿に戻ったといわれている。

＊グァヤカンという名の木が世界を支える木、つまり世界樹である。この木は家などをつくる

のに適した硬い樹木である。

＊この地方には塩の鉱脈はあるが、金の鉱脈はない。古代においては塩が金よりも大事なものであった。

＊この地域には現在３５０人ほどの先住民が住んでいるが、人が湖の中に入ることは、災いが生ずるとして禁じている。

＊人間と自然との調和が大切である。森は水の源なので、森を守らなければならない。

現在、グァタビータ湖はエコツーリズムの拠点のひとつになっているが、その帰り道、ラ・カレラでビールを飲みながら食べた、牛肉を薪で焼いた料理のうまかったことも、この旅のよい思い出となった。

古代コロンビアの自然を大切にした黄金文化の伝統は、かつてコロンビアのウラバー地域に住んでいたクーナ族にも引き継がれている。彼らは現在、ほとんどがカリブ海沿岸にあるパナマ領のサン・ブラス諸島に住んでいる。彼らが住む地域はコマルカ・クーナ・ヤラと呼ばれて、そこで独自の統治組織を持って生活している。その社会は49の共同体から構成されている。

私がクーナ族に興味を覚えたのは、１９７３年9月はじめ、メキシコのウエフトラという町で出会った、クーナ族の若者の自らの文化に対する自信とその文化を大切にしなければならないという強い意志に感動したからである。彼はメキシコで先住民の生活向上を目的とした活動について研修していた。

その月の末に、私はその若者がクーナ族の有力者である父親宛に書いてくれた紹介状を持って、ウストゥプというサン・ブラス諸島最大の島にやって来たのである。その島に何日間か滞在したが、それは例外中の例外であった。この島には昼間、コロンビアから舟でココヤシの実を買いにくる者もいるが、夜は全員、島から退去しなければならないからである（当時は、モーラの買物客が立ち寄れる島はエル・ポルベニールのみにほぼ限られていた）。ココヤシの実は石鹸や民芸品をつくるのに使われていた。

島では家の建設など、他人の労働力を借りるのに、金銭を支払うことは許されず、すべて無料で協力し合っていた。皆が同じような生活レベルで、貧しいものはひとりもいない。

正装のクーナ族の娘（サン・ブラス諸島、1973年）

島の女性は皆、普段から黄金製の鼻輪をつけている。また祭りの際などには、大きな円盤状の耳飾りを付ける。これは太陽を象徴したものだと考えられよう。ともかく、ほかのラテンアメリカの先住民社会では見たことがないほど、ここは豊かだと思った。

クーナ族といえば、モーラで有名である。モーラは、様々な原色の布を何枚も重ね、文様に合わせて切り抜き、下の布を出して、その縁を縫ってつくる。モーラは上着の前と後ろに縫い付けるものだが、観光用には壁掛けなどとして売られている。

クーナ族は1925年、パナマとの間に自治権をめぐる闘争の結果、それを獲得したアメリカ大陸で唯一の先住民だといえる。それが彼らに自信を与えているのであろう。

島での生活では、全てに相互扶助の精神が生かされていただけでなく、また家には鍵などなく、急ぐ時は道ではなくて、隣人の家の中を横切ったりしていた。島の中の道も皆で掃除をし、ゴミひとつ落ちていなかった。私は、まるで理想郷のような豊かで平和なその生活ぶりにびっくりした思い出がある。

クーナ族の間には次のような神話が伝わっている。

　パパとナナが母なる大地を創造したころは、大地は若々しくて美しかった。彼らによって創られた植物や、様々の生き物は互いに調和して生きていた。風が木の上の枝をゆっくり吹いていた。大河オロブルガンディワルは澄んでいて、ゆったりと流れていた。

　それからオロナイカバレルがオロナイラソブと共にやって来た。彼らは大地に足をつけた時、名前をそれぞれオロビリベレルとオロブルソブと代えた。彼らはオロウビングンディワルという河のそばの平原へ来たのである。

パパとナナによって命じられた仕事は、母なる大地の世話をすることであった。そこで、生き物間の調和を見守っていた。

その後、名前をビレルとブルソップと変えた。ビレルは母なる大地、それを構成する全ての鉱物の見張りとなった。ブルソップは彼の伴侶であった。

ブルソップという名は、ブルバ（精霊）とソベ（つくる）という言葉に由来する。２人の結婚からオロクナリレルなど、５人の子供が生まれた。

これらの子供たちは偉大なネレ（シャーマン）になった。母なる大地はビレルとブルソップの子供や孫を増えさせたが、彼らはパパとナナによって委託された使命である母なる大地の世話を忘れはじめた。

母なる大地は苦しみ出し、オロブルガンディワル河は濁り、どこも血だらけになった。不道徳な行為、悪業が世界を覆い、パパとナナの教えから離れてしまったのである。

パパとナナはこの状況を見て、母なる大地へ４人の使者を送った。彼らの仕事はパパとナナ、そしてなにをすべきか、なにをすべきでないかについて話すことであった。しかしわずか４人では、仕事が多くて十分ではなかった。そこでパパとナナはさらにデケンデバなど５人の特使を送った。

パパとナナのこれらの使者は、クーナ族のいろいろな村を訪ね、パパとナナについて話した。彼らはパパとナナによって天に戻るまで結婚を禁じられていた。最後の使者はマゴであった。

デケンデバは村々を訪ね歩き、それらの住民にパパとナナについて話した。使者たちは教えを伝えるために、4つの地方をまわった。

しかしオロクナリレルとその子供たち、それにピレルとブルソップの子供たちが、それらの地方の住民を苦しませていた。嵐が起こり、寒気が全てを覆い、母なる大地は苦しんでいた。

ダド・デケンデバは結婚し、こうしてパパとナナの命令を破った。彼は2人の女を妻とした。最初の女はオロウィソブディリ、2番目はオロギギルディリであった。これらの結婚でそれぞれひとりの子供が生まれた。母なる大地に大災害が近づいていた。デケンデバの子供たちは大地の富を自分たちで分配し、ほかの者たちにはなにも残らなかった。ピレルとブルソップの子供や孫たちは、ダド・デケンデバの子供たちの行為を面白がっていた。嫉妬やエゴイズムが生じ、母なる大地はこれ以上耐えられなかった。地震、嵐、火災が起こり、パパとナナによってもたらされたあの美しい世界が、

笛を吹くクーナ族の女性
クーナの伝統的な音楽と踊りを練習している（1973年）

消滅してしまったのである。

以上は、『オロウイベイビナピ』（ハリー・スミス、ウストゥプ　1986年）に載っている「ビレルとブルソップ」についての話の概略である。なお、パパ（あるいはババ）とナナは父と母を意味する創造主。母なる大地はクーナ語でナナ・オログワドゥレという。この話の主意は、神の掟を破ると、世界は破壊されるということである。

2005年、私はクーナ族再訪のため、パナマ市へ飛んだ。ここで観光局（IPAT）のガイドをしているクーナ族の若者ヒルベルトを紹介された。彼に案内されてパナマ市にある「クーナ全体会議（Congreso General Cuna）」の事務所に行き、イムック・リムニオという名の若い指導者に会った。彼の話だとクーナの他界観では、宇宙は上下に8つの層になっているという。クーナでも太陽崇拝が伝統の中に生きている。たとえば人は太陽が昇る前に起きなければいけないと言われている。創世神話に出てくるパパとナナについては、彼らが地上に住むようになった人びとに命じたのは、母なる大地を大切にすること、そして自然やそのほかの生き物との間の調和を保つことであったが、パパとナナの教えを守らなかったために、美しかった世界が消滅させられたのだと話をしていた。

この後、イリック氏に連れられて、パナマ市のホテルで開催中の「クーナ・ヤラにおける二言語異文化間教育プロジェクトの第一段階にかんする全体評価」という会議にオブザーバーとして出席した。この会議の開催のために「協力のためのスペイン・パナマ合同基金」が援助しているとのことだった。現大統領は二言語教育を支持しているが、大統領が代われば、この方針もどうなるか分からないらしい。参加したクーナ族の指導者は老人が多く、しかも元気がないのが気になった。後で、この教育は余りうまく行ってないとイリック氏から聞かされた。

サンブラスの島々には以前はなかったプロテスタント系の教会が増えている。それらの教会には、主に子供たちが集まっていたが、以前は全く考えられないことであった。観光客が立ち寄る島では民族衣装を着た女性を写真に撮ろうとすると、金銭を要求されるようになっていた。モーラの質や文様も観光客向けに手抜きのものが普通になっている。上等のモーラを縫いつけたブラウスは村の者が着て、観光客に売っている5ドルや10ドルの安物はブラウスには使わないとヒルベルトが説明していた。また昔のデザインのモーラもあるが、今はほとんど誰もその意味するところを知らないとのことだ。ところでヒルベルトであるが、彼はカルティ・スグドゥプ島で生まれたが、子供のころは、父親に連れられてパナマ運河地帯に住んでいた。そこでアメリカ人の子供と友達となり、英語が話せるようになった。米国の大学に留学した経験もあり、英語で講演することもできるので、米国やほかのラテンアメリカ、さらにはスペインや台湾をはじめとしたアジア諸国にも派遣されたことがあると言っていた。クーナ族の若者には、彼のように外国で勉強したり、外国に働きに出る者も少なくないらしい。

私はナルネガという名の島の小学校を見学したが、ちょうどクーナ語とスペイン語の二言語教育の初歩を教えているところであった。ここでテキストが足りないので、コピー代を寄付してくれないかと言われた。また子供たちに自然を大切にしなければならないと教えているとのことだ。以前

1925年の革命で活躍した英雄の胸像の前で島の霊的指導者たちと（1973年）

は親たちが生活の中で教えていたはずなのに、今では学校で教えないと、忘れ去られてしまうような状況にあるらしい。

クーナ族の社会の大きな問題として、商品としてのココヤシの消費が減少し、それに従事していた男たちの畑仕事が激減したことが挙げられる。それが貧しさをもたらしたり、女たちがつくるモーラの収入に一層依存するような状況になったりしている。また島を訪れる外国人が多くなったことも、様々な社会変化が起こっている原因である。

もちろん、外国人観光客にとっては、モーラを土産品として手に入れたり、無人島の白浜で寝そべったり、紺碧の海で泳いだりして、都会では味わえない休息のひと時となることは間違いない。

年表　コロンビア

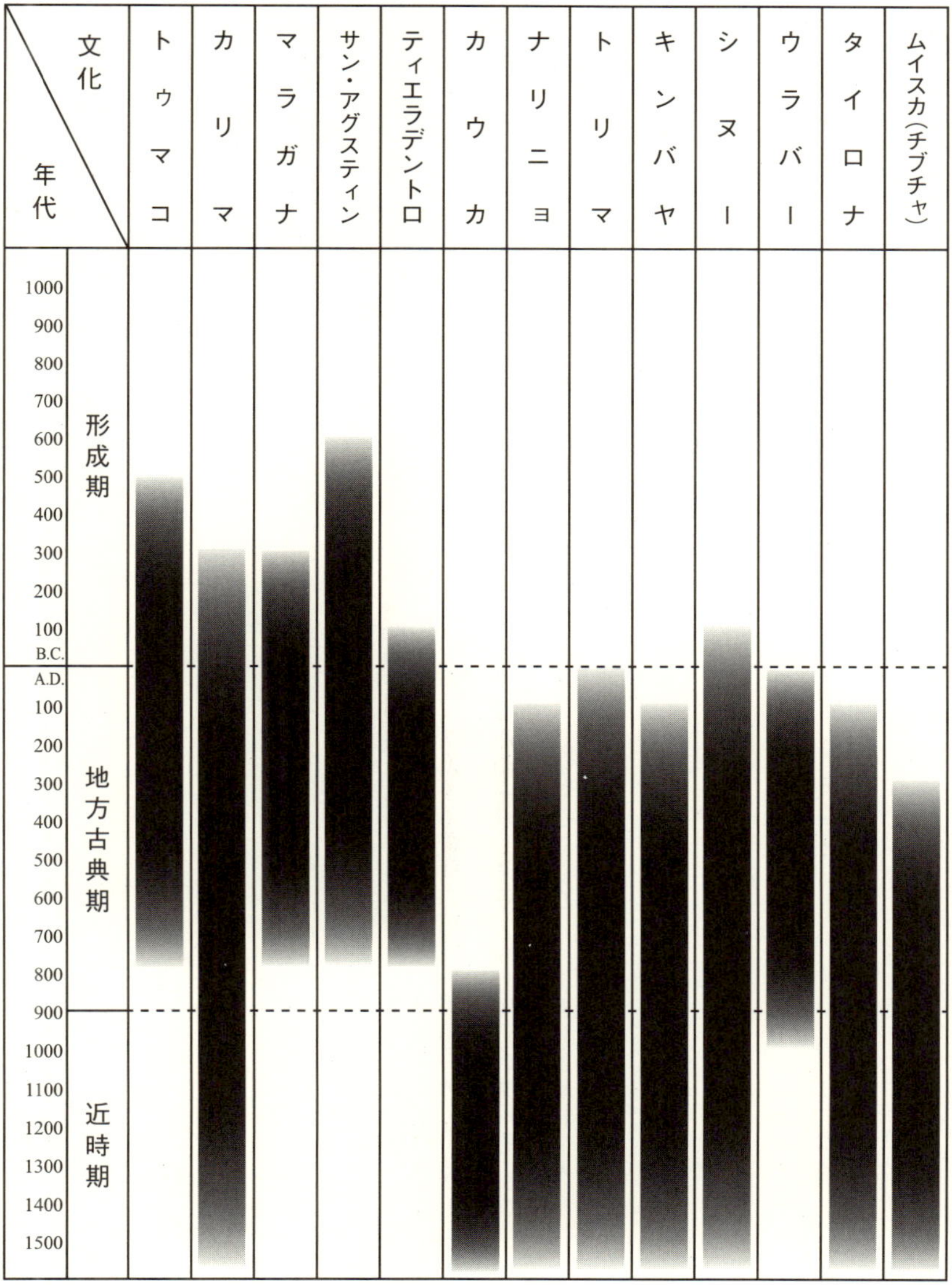
文化
年代
トゥマコ
カリマ
マラガナ
サン・アグスティン
ティエラデントロ
カウカ
ナリニョ
トリマ
キンバヤ
シヌー
ウラバー
タイロナ
ムイスカ（チブチャ）
1000
900
800
700
600
500
400
300
200
100
B.C.
A.D.
100
200
300
400
500
600
700
800
900
1000
1100
1200
1300
1400
1500
形成期
地方古典期
近時期

――アンデス領域　1――

エクアドル

赤道直下の太陽文明

古代エクアドルにおける暦

私は2006年、43年ぶりに南米エクアドル（面積25万6340平方キロメートル、2007年度の人口約1875万人）を訪ねた。この国の古代文明にかんする最新の情報を得るためである。ところでご存知のように、エクアドルとはスペイン語で赤道を意味する。従ってこの国はその名の通り熱帯に位置するが、首都キト（人口約180万人）は海抜2800メートルの高地にあるため、気候は快適だ。

そのキトからわずか15キロのところに、「ミタ―・デル・ムンド」（世界の真中）の名で知られる赤道、つまり緯度ゼロ度の地点がある。ここは勿論、科学的な測量によって決められた場所である。しかしそこに「太陽文化館」という古代エクアドルと太陽との関係を説明する展示場があることは、赤道直下に住んでいた古代人にとって、太陽がいかに重要なものであったかを示している。

今回、私は古代エクアドルと太陽の関係について研究しているグスタボ・グアヤサミン氏の話を聞いた。その講演で、彼は「エクアドルの先住民は少なくとも3000年前にこの地が〝時の中心〟

であることを知っていた」と主張していた。これは古代人が、太陽をはじめとする天体の動きにかんして、絶え間ない観察により、我われ現代人を驚かすほど、正確な知識を得ていたということを意味している。

古代エクアドルと太陽の関係について述べる前に、エクアドルの古代史について簡単に触れておこう。それは5つの時期に区分される。

パレオインディアン期（紀元前10000年―紀元前4000年）

アジア大陸からベーリング海峡を渡ってきたモンゴロイドが狩猟・採集生活をしていた時代。

形成期（紀元前4000年―紀元前300年）

トウモロコシやジャガイモなどを栽培する農耕村落が出現し、文化が飛躍的に発展した時代。バルディビアの名で知られる土器文化はこの形成期の前期に栄えた。

地方発展期（紀元前300年―紀元800年）

エクアドル各地に首長が支配する宗教色の濃い文化が展開した時代。この時期の主な文化としてラ・トリータ、バイーア、ハマ・コアケが挙げられる。

統合期（紀元８００年—紀元１４６６年）

戦争や同盟によって領土を拡大し、小王国といった社会が出現する時代。この時期の代表が、マンテーニョ・ワンカビルカとカルチ文化である。

インカ期（紀元１４６０年—紀元１５３４年）

ペルーの南部高原にあるクスコを都とした強大なインカ帝国によって征服されていた時期。キトはそのインカ帝国の第二の首都となる。

アメリカ大陸最古の土器だとして以前、話題を呼んだバルディビア文化には、「ビーナス像」の名で知られる裸体女性土偶が多数発見されている。これはパチャママ（大地母神）を具現化したものともいわれているが、トウモロコシなどの自然の恵みを与えてくれる大地を、子供を産む母として認識していたと解釈できるからだ。

後の時代の土器や黄金細工の造形、あるいは先住民が崇拝する山や泉などから、古代人の宇宙観や自然観を推察できる。その中でも最も重要な存在が、世界に光と熱を与える太陽だった。また農耕民にとって大切なのは、太陽の動きをもとにつくられた暦である。それによって、いつ種まきをするとか、雨期がいつやってくるとか、知ることができた。暦にあわせて、収穫を祝う祭りや豊穣を願う儀式が行なわれていた。言い換えれば、人の一生は暦に支配されて生きていたのである。

グアヤサミン氏は、エクアドルの古代人は正確な暦を知っていたと主張しているが、そのことを証明する遺跡として、赤道直下のカヤンベのそばにあるプンティアチルの名を挙げていた。太陽の動きを測定するために、彼は14メートル70センチの柱を立てて、数年にわたる観察を行なったということだ。

春分と秋分の日の年に2回、緯度ゼロ地点、つまり赤道直下では太陽が天頂に昇る正午になると、日陰が消える。グアヤサミン氏はそれらの日を「垂直な太陽の日」と呼んでいる。古代人は、日陰が移動する方角である南北、つまり地球を縦に観察していたといえる。一方、日が昇り、日が沈む東西を聖なる方角と考えていたはずだ。

日本の春分の日である3月21日は、時差によりエクアドルではまだ3月20日である。その日、太陽が天頂に昇る真昼になると、柱から日陰が消える。翌3月21日には10センチの日陰ができる。

バイーア文化に属する女性土偶
吹くと音色が出る笛になる

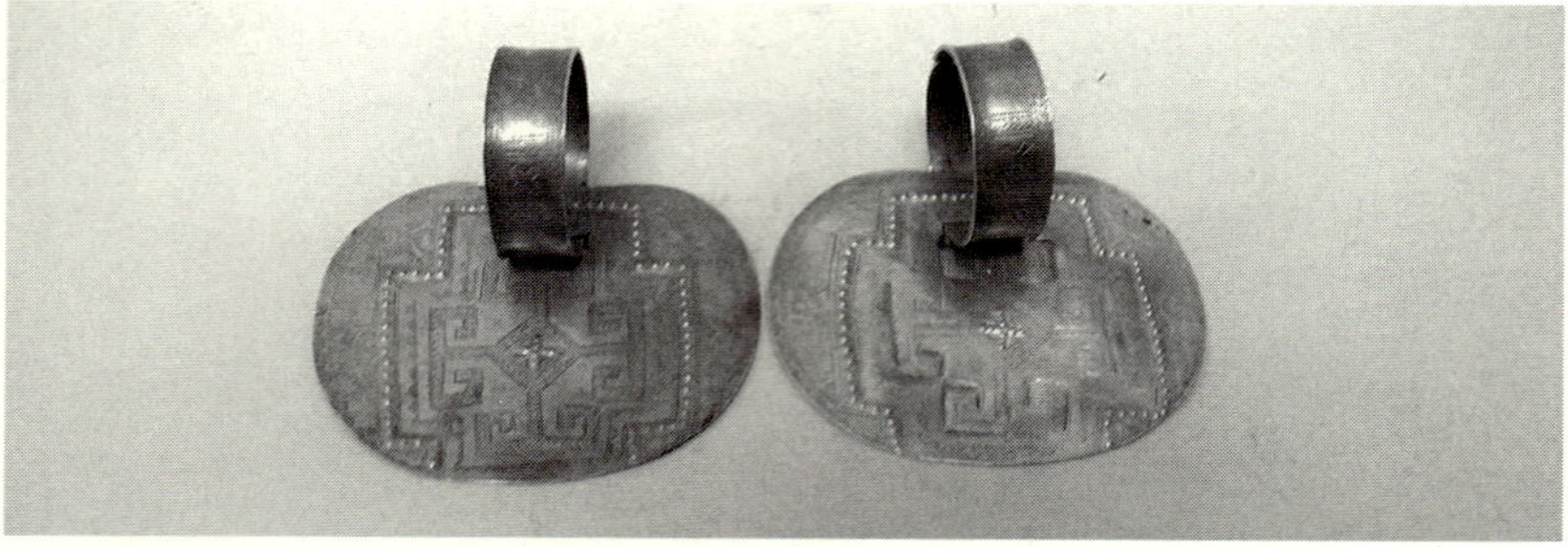

太陽の動きを表現しているものとされる黄金のペンダント（カルチ文化）

そしてその日陰は10センチずつ6月21日まで伸びてゆく。3月21日から6月21日までの93日間、日陰は北に伸びてゆき、そこから南へ93日かかって9月22日に戻る。それからさらに南へ12月21日まで90日間伸びてゆき、そこから北へ向かって89日かかって戻る。それが4年ごとに90日となる。

つまり93＋93＋90＋89＝365日である。このように365日のサイクルを正確に把握し、しかも閏年も知っていたはずだという。

カルチ文化に属する黄金の円盤状ペンダントに十字の文様が刻まれたものがある。これは太陽の動きをもとにした暦法を表現したものと解釈できる。円の真中が春分と秋分、右が北でその端が夏至、左が南でその端が冬至。円の上が西、下が東を表わしている。

また、キトという地名はキチュア語で、太陽を指すキー、垂直とかまっすぐとかを指すトーからなるので、「垂直の太陽」、あるいは「まっすぐな太陽」を意味するそうだ。

このようなことからも、この地方が〝時の中心〟であることを古代人がすでに知っていたと、グアヤサミン氏は結論づけていた。

古代の建造物や石碑の方位と太陽の動きとの関係については、以前からメソアメリカにしろ、アンデスにしろ、何人もの学者が指摘していて、それ自体は格別新しいものではない。とはいえエクアドルが緯度ゼロ度、つまり世界の真中にあることに着目して行なったグアヤサミン氏の研究は、きわめて興味深いものだといえよう。

それはともあれ、太陽、それに大地と水が、農作物に実りをもたらす土台であり、またそれらに対する感謝と祈りが古代人の信仰の中心にあったことは間違いないのである。

オタバロ族の伝統的価値観

ここで現在の先住民、具体的にはオタバロ族とその伝統文化について若干触れておきたい。

エクアドルには現在も、高原やアマゾン地方にかなりの数の先住民が、基本的には農耕民として生活している。彼らはあらゆるものに命があると見ている。そしてパチャママ（母なる大地）、つまり彼らの考える世界に住んでいるすべてのものは、対等の価値を持つ存在であり、またすべてに生と死の循環があると考えている。

農民は種まきや収穫などの際、その豊穣の祈願と感謝のために、供え物を含む儀式を行なう。大地が産する食べ物を受けられるのは、そうした儀式を行なうからだと信じられている。それは両者が相互依存の関係にあるからだ。つまりあらゆる存在、あらゆる関係は均衡と調和、そして相互依存が基本なのである。

私はキトの北、110キロの地点にあるオタバロを訪ねた。そこは霊山として知られるインバブーラ山とコタカチ山の間に位置する美しい盆地にある。

この町にあるオタバロ大学で先住民の人類学者ルイス・デ・ラ・トーレ氏から次のような話を聞いた。

「エクアドルの先住民文化は西洋文明と同レベル、あるいはそれ以上です。ただしそれは西洋文明とは異なる文化です。西洋文明が野心的、個人主義的、差別的なのにたいして、先住民文化ではあらゆるものの価値が対等であり、しかも互いが持ちつ持たれつの関係にあります。

現在は西洋文明が支配し、先住民とその文化は無視されています。しかし両者は敵対するのではなく、協力し合うことが大切です。そうでなければ、エクアドルの国民同士（メスティソ65パーセント、先住民28パーセント、白人1・5パーセント、ムラートと黒人5・5パーセント）が敵味方になってしまいます。

先住民は自然を大切にしているのに、他方では大企業などが自然を破壊しています。確かにこのような矛盾が存在します。これを打破するには、皆で共有できる新たな文明を構築する必要があります。

また、先住民は普通、欧米へ行くと、差別や屈辱を受けます。それで自らの伝統文化を拭い去ろうとします。これは大変残念なことです。しかしオタバロの先住民は違います。自らのアイデンティティを大切にしていて、それを誇りに思っています。」

オタバロ族のルイス氏が話されたことは、すでにラテンアメリカの多くの人類学者および先住民に共通の認識となっている事柄だといえる。そして多文化共生、さらに新たな文明の枠組を構築する必要性については、すでに1987年に、メキシコの人類学者ギジェルモ・ボンフィルが、その著書『メヒコ・プロフンド（奥深いメキシコ）』の中で主張しているところである。いずれにせよ、私がここで強調したいのは、ルイス氏が語ったような考え方が、少なくともラテンアメリカの多くの地域に広く行き渡っているという事実である。ただし理論と実行とは別物なのが、ラテンアメリカである。

伝統的な相互扶助の制度は、オタバロでは今も生きている。たとえば農作業での土壌の準備から収穫まで、家を建てる際の材料

オタバロ族の人類学者ルイス・デ・ラ・トーレさん

結婚式に行われる伝統的な水かけの儀式

を手に入れるところから建設まで、様々な局面で相互扶助が見られる。家族的なものであれ、共同体的なものであれ、こうした伝統行事には金銭の支払いはない。これは連帯の機会となるほかに、富の平等化に貢献する。

同様のことは、結婚式などの儀式の際にも見られる。私は今回、オタバロで先住民の伝統的な結婚式に参列した。水かけの儀式である。これは体を清め、新たなエネルギーを授かるためであろう。水かけの儀式は、キリスト教の教会で式を挙げたとしても、別の日に必ず泉のあるところで行なう。儀式に参加した人びとは結婚のパーティー会場のそばにある聖なる泉へ行き、そこで水かけの儀式を行なった。まず儀式を主宰する長老がキチュア語で説教をした。それから仲人や新郎新婦の顔や手足に、プラスチック製の桶に花びらを浮かべた水をかけた。そして余った水を周りの参列者めがけてぶちまけると、その場は一瞬にして笑いに包まれた。

この儀式の後はパーティー会場で、参加者全員がご馳走にあずかった。それから夜が更けるまで土地の民俗音楽に合わせてダンスに興じるのだ。

私のガイドをしてくれたルイス君は、私に夜遅くなって申し訳ないとあやまった。しかしこれは皆が踊りを終えるまで、一緒に踊らなければならないというのが、彼の父親の考えであり、それが伝統なのだ。いずれ息子が結婚する時、皆にも最後まで踊ってもらいたいと思っているからなのである。私も途中から誘われて皆と一緒に踊ったが、なんとも楽しかった。

参加者は誰もが、いつか自分も家族の結婚式の際、皆を招待してご馳走を出すなど、同様なことをしなければならないことを知っている。ここでは相互扶助の共同体意識がまだ強く残っているからである。

翌日、ルイス君と友人のクラウディアさんの案内で、オタバロ族の聖地といわれるクイコチャ湖（虹の湖）へ行った。夏至を祝う太陽の祭りの際に、この湖で水かけの儀式が行なわれるとのことだ。それは農作物が収穫できたことの感謝と新たな豊穣を祈願するためである。

クイコチャ湖の前に聳えているのが、これまた聖なるコタカチ山である。地元の者はこの山をマ・コタカチ（母なるコタカチ）と呼んでいる。この山と同名の町コタカチの博物館には、太陽の祭りの際、伝統的なリーダー「コラサ」（インカ時代の地方首長の名称クラカ）が着る華やかな衣装が展示されている。その前には、次のような説明がついていた。「サン・フアン（聖ヨハネ）と呼ばれているインティ・ライミの祭りは、非常に古い時代からの伝統的祝祭であった。すべての共同体の先住民がこれに積極的に参加する。トゥショグないしはチャキスが、太陽の神や雨の女神への感謝のための組織を構築する担当者である。（スペイン人による征服期の）年代記の記者は夏至の間、大祭が行なわれたと記録している。現在のサン・フアンの祭りが昔の太陽の祭りだと信じら

オタバロ族にとっての聖なるクイコチャ湖とコタカチ山

れている。6月20日ごろその祭りの準備がはじまる……」

インティ・ライミはクイコチャ湖やコタカチの町の広場などで、6月20日から7月1日にかけて行われる。クイコチャ湖での清めの水かけ、音楽と踊り、トウモロコシ、ジャガイモ、クイ（テンジクネズミ）の料理、それにチチャ（トウモロコシ製の酒）からなる供宴などがある。また共同体同士の模擬戦が行なわれる。

15世紀後半、この地方がインカの軍隊に征服されたことによって、インカの神々であるタイタ・インティ（父なる太陽）とママ・キリャ（母なる月）が、タイタ・インバブーラ（父なるインバブーラと呼ぶ聖山）とママ・コタカチに言い換えられたのではないかと考えられている。

インティ・ライミといえば、ペルーのクスコ郊外のサクサワマンで行なわれるものが、有名で規模も最大である。その模様もここで紹介しておきたい。

私は1985年6月21日にクスコへ飛んだ。サクサワマン遺跡で開催されるインティ・ライミを見るためである。早速クスコの中心部へ出かけてみると、太陽の祭りの行事の一部である民族舞踊の行列が、次から次へと通りを過ぎていった。それらは学校別の民族舞踊のグループである。23日の日曜日は、職場別の踊りのグループだった。踊り手は僻地の共同体の先住民ではなく、クスコに住む先住民や先住民の血が濃いメスティソ（混血）だと思われた。とにかく市の中心地のプラサ・デ・アルマス一帯は、身動きできないほどの人出だった。6月は農作物の収穫の後なので、祭りで大騒ぎする暇ができたからでもあろう。

インティ・ライミは現在では、6月24日に開催されるが、インカ時代は正確に日照時間が一番短い6月の冬至の日に行なっていた。ペルーは南半球なので、その日は夏至ではなく、冬至である。この祭りは太陽の活力を蘇らせ、そして農作物に豊穣をもたらす太陽に感謝するためのものである。

24日の朝8時にサクサワマン行きのバスが出るホテルへ行ったが、全く出る気配がない。そこで日本人グループが乗る日系旅行社のバスに同乗させてもらった。それも午前11時過ぎまで出なかった。原因は天気が悪いからだという。サクサワマン（クスコ郊外の丘の上にあるインカ時代の要塞）へ着くと、遺跡はすでに大変な人出だった。日本人グループの席は有料で予約済みだったので、最高の場所でイベントを見物することができた。しかしそれがはじまったのは、太陽が輝きだした午後3時過ぎになってからであった。実際に太陽が出ないことには、この儀式は宗教的に意味を成さないからである。

インカ時代の衣装を纏った者たち、皇帝と后、先祖の皇帝のミイラ、太陽像などの御輿の行列が続き、様々な種類の民族舞踊があった。クライマックスは、広場の真中に設けられた祭壇で行なわれるリャマ（ラクダ科動物）の生け贄の儀式である。生きたリャマの心臓を抉り出して、それを太陽に捧げ、それから火の中へ投じた。

遺跡の無料席に朝早くから座り込んでいたのは、周辺の村々からやってきたケチュア族であるが、祭りを演じている者たちは、クスコの町で働いている公務員であったり、その他の組織に属する人びとのようだった。顔つきを見ると、ほとんどが先住民だが、メスティソも少なくない。クスコでは町を挙げてのイベントとして仕立てている。インティ・ライミは先住民だけでなく、融合文化であるペルーの祭りでもあるようだ。もちろん大切な観光資源としての側面も大きい。いずれにせよ、見終わった人びと、つまり先住民も外国人観光客も皆満足そうであった。とくに先住民はインカ時代の栄光を偲び、誇りを感じて戻っていったことだろう。

この祭りのために、サクサワマンでは8万人もの見物客が集まったと、その日のラジオは報じていた。

現代人にとっては電気、水道、ガスなどが暮らしの生命線であるが、古代人にとっては先ず太陽、そして水と大地が、生活の土台となっていた。

現代人にとっても太陽と水と大地がなければ、命そのものも消えることになろう。しかしそれらの存在が当たり前のものとして、感謝の気持を忘れかけている。我われにとってまず大切なのは、太陽、水、大地にたいして感謝し、大切にする心を取り戻すことであろう。もしそうでなければ、人類の未来は暗澹たるものになるに違いない。

オタバロ族の女性クラウディアさん

年表　エクアドル

時代区分		文　化
10000 — 4000	パレオインディアン期	
4000 — 300	形成期	バルディビア（B.C.4000 − B.C.1500）
300 B.C. / A.D. — 800	地方発展期	ラ・トリータ（B.C.600 − A.D.400） バイーア（B.C.500 − A.D.650） ハマ・コアケ（B.C.350 − A.D.1532）
800 — 1460/80	統合期	マンテーニョ・ワンカビルカ（A.D.500 − A.D.1532） カルチ文化（A.D.750 − A.D.1532）
1460/80 — 1534	インカ期	

アンデスひとり旅 1962年

——アンデス領域 2——

山好きだった私の夢のひとつは、南米大陸を北から南に走る世界最大の山脈、すなわちアンデス山脈を旅することであった。しかもそこには謎を秘めた古代遺跡や伝統文化が色濃く残る先住民集落が存在している。

私がこの地帯に出かけた1962年には、まだ環境問題などが話題になることはまったくなかった。それどころか手付かずの大自然が至るところに広がっていたのである。国は先住民を国民文化に統合して、国の経済や社会の発展を促すことを主な目標としていた。人類学者たちもその目標に則して、先住民社会の改善に歩みはじめたところであった。これは一口で言えば、16世紀におけるスペイン人による征服以来行なわれてきた「西洋化」イコール「文明化」の新たな展開にすぎないのかもしれないが、ともかくその実態を見てみたかったからである。政治家や知識人が環境問題の重要性や先住民文化の価値に気づくには、さらに数十年の歳月が必要だったのである。

ここに、当時の日記をそのまま記載するのは、現在とは違う、大々的な開発や社会変化が本格化する前の姿を記録として残しておくことに、それなりの意義があると考えるからだ。そこには植民地時代から続く半封建的な体制や階級格差が色濃く残っていた。ある意味で、このような社会がア

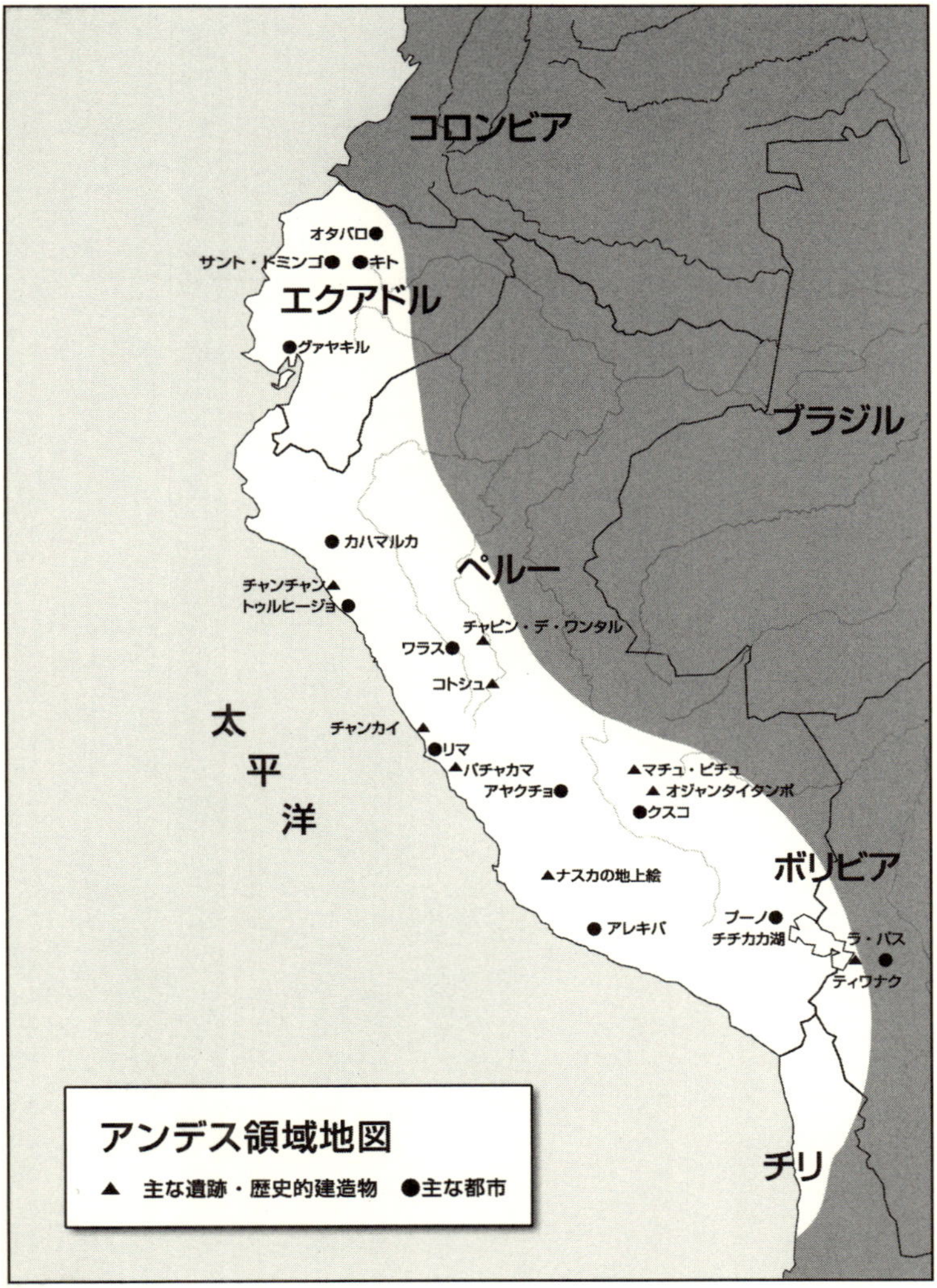
コロンビア
オタバロ
サント・ドミンゴ
キト
エクアドル
グァヤキル
ブラジル
カハマルカ
ペルー
チャンチャン
トゥルヒージョ
チャビン・デ・ワンタル
ワラス
コトシュ
太平洋
チャンカイ
リマ
パチャカマ
アヤクチョ
マチュ・ピチュ
オジャンタイタンボ
クスコ
ボリビア
ナスカの地上絵
プーノ
チチカカ湖
アレキパ
ラ・パス
ティワナク
チリ
アンデス領域地図
▲ 主な遺跡・歴史的建造物 ●主な都市

ンデス地帯の原風景であり、今日も抱えている諸問題の原点だからである。またアンデスの現在の状況しか知らない者にとっては、私が見た当時の状況と比較してみるも、興味あることであろう。

ところで、私が天野芳太郎氏の名前を知ったのは、南米移住を模索していたころ、神田の古本屋で、氏が書かれた本を読んだ時であった。そこにはラテンアメリカを股に掛けて縦横に活躍する氏の姿が、生き生きと描かれていた。そのとき私は、第二の天野になりたい、と心に誓ったものである。

1959年に天野氏所蔵の古代土器や織物を中心とした「インカ帝国文化展」が、東京で開催された。その折、上智大学で講演されたが、そこではじめて氏にお会いしたのである。1961年にも、天野氏はご夫人同伴で、「インカ黄金展」のために日本へ行かれた。その帰りにメキシコ市の荻田政之助氏宅を訪れているが、私はそこで氏と再会した。そのとき、天野氏から「ペルーへいらっしゃい」と誘われたのである。

アンデス古代研究の先駆者

1962年11月21日（水）

ペルー領事館の怠慢のため、出発予定日になってもビサが下りない。でもメキシコ生活が身についたせいか、なるようになるさと、あまり慌てなくなってきている。だめかもしれないと思ってい

リマ市の中央広場（プラサ・デ・アルマス）に立つカテドラル

たところへ、11時ごろ電話があり、係りの者が直接空港に持っていくというのだ。そこでタクシーでメキシコ空港に駆けつけた。ただしその者がやってきたのは、ペルー航空（アエロリネアス・ペルアーノス）の便が出る直前だった。ともかくこうして間一髪間に合ったのである。

私が乗ったプロペラ機は昼過ぎに離陸し、途中で、ホンジュラスのテグシガルパと南米エクアドルのグァヤキルを経由して、ペルーのリマへは夜中の2時すぎに着いた。空港では天野芳太郎さんの代理として旅行代理業を営む金城さんが出迎えてくれた。中国人が経営するかなりよいホテルへ行き、一休みしたところで、天野さんがやってきた。この後、天野さんの案内で骨董屋などを見て回った。数年後には氏の邸宅の隣に博物館を建てる計画とのことだ。

11月23日（金）

昨夜は天野さんの妻（美代子さん）の弟の車で天野宅を訪れた。自宅の居間に飾られている古代の土器と土偶の逸品や色鮮やかな織物を見せてもらったり、新鮮なサシミなどの日本料理（当時、天野さんは漁業会社の社長でもあった）、それに私がトウガラシの原産地メキシコからやってきたからと、ペルー産のトウガラシを中心とした料理をご馳走になったりした。
今日の午後は先住民庁へ行って、プーノとクスコの人類学プロジェクトを視察するための文書をもらってきた。

ここで、日本人によるアンデス古代研究の先駆者であり、東大のアンデス調査団の後援者でもあった天野芳太郎氏の略歴を記しておきたい。

1898年（明治31年）、秋田県南秋田郡脇本村生まれ。小学校時代、北海道で先史時代の石斧を拾ったが、この時の感動が、後にペルーにおいて古代織物や土器を収集することに繋がったといえる。1913年、秋田県立工業学校に入学した。読書好きで、様々な分野の本を読み漁ったが、中でもヨーロッパの経済侵略によって衰退した東南アジアの弱小国に同情して決起をうながすといった内容の押川春波の冒険小説に最も影響を受けたようである。

卒業後、造船所で技師として働いたり、また鋳物工場を開業したりした。さらに子育て饅頭の名で知られた饅頭屋として大成功した。しかし1923年、ペルーで財を成した末吉ヨシ（後の井川よし）と出会い、「饅頭屋なんぞやめて南米にいらっしゃい」と南米行きを勧められる。だが天野が実際に南米行きを決意するのは1928年のことである。翌年、パナマ市に天野商会を設立した。その際ペルーへ赴き、井川よしが関係する会社の末富商会に協力を依頼している。1935年には、日本人としてはじめてインカ帝国の遺跡マチュピチュを踏査した。天野商会の成功を機に、チリでは農場、コスタリカでは漁業などと、一国一業主義で事業を行った。他方、『あちら・こちら物語』、『中南米の横顔』といった本を出版した。しかし日米戦争が勃発すると、米国の影響が強いパナマは、日本にたいして宣戦布告した。国際的に活躍していた天野はスパイ容疑で逮捕された後、米国の収容所に移送されたが、じきに交換船で帰国することができた。日本では各地で講演をしたり、『我が囚はれの記』や『アラウカノ族の如く』を刊行したりした。

戦後は、「実業」だけでなく「文化」で国家に貢献したいと南米行きを決意する。1952年、ペルーで古代アンデス文明の研究に着手し、日系2世の渡辺美代子を助手にした。2年後、その彼女と結婚する。天野によるチャンカイ遺跡の発掘調査や遺物の収集は、国際的に評価されている。1956年、文化人類学者の泉靖一助教授と出合ったことで、東大との関係が深まる。このことで1959年、天野コレクションを中心とする「インカ帝国文化展」が東京で開催された。さらに1964年にはリマ市の自宅脇に「天野博物館」を開館した。この博物館は入場料を取るためのものではなく、無料で、しかも天野自身が訪問者に説明していたのである。1982年、ペルーで死去。享年84歳であった。（尾塩尚『天界航路—天野芳太郎とその時代』1984年 筑摩書房）

インカの民、ケチュア族の心情

11月26日（月）

昨日は午前中、がたがたバスに乗って、プエブロ・リブレにある、人類学考古学博物館を訪れた。

チャビンやナスカの土器、パラカスの織物などはさすがにすばらしかった。

夕方は天野さん宅で、古代文化について語り合った。氏はご自身が研究されている鳥のモチーフについて、「十字形は鳥」だと主張されていた。食事は近くの中国料理店でとったが、とても美味しかった。

今朝はリマタンボから、ファウセトの双発機に乗って、標高約3500メートルの地にあるクスコへやってきた。眼下に広がるアンデス山脈の雄大さには目を見張ってしまった。機内では酸素吸入器を使用した。

クスコではイエズス会神学校とカトリック系師範学校を訪ねたが、神父や修道女からはとても親切にしてもらった。それとは対照的に、かつてのインカ帝国の末裔である先住民の第一印象はよくなかった。町を歩いていたら、ひとりの先住民が声をかけてきたので、好意をもって何事かと聞きただしたのに、ケチュア語で怒鳴られてしまった。でも怒るまい。かつての誇り高きインカの民が今はその日の糧にも困っているのだから、と思っ

右　チンチェーロの女たち（クスコ）
左　古代人がアメリカ大陸で家畜化した唯一の動物、リャマ

た。私が宿泊した安ホテルの経営者の息子で、白人系のフェデリコは先住民にかんして、私に言った。「インディオは物をあげると、よろこんでお礼をいうが、それは口先だけで心からではない。また彼らに技術やスペイン語を教えても、覚えているのはそのときだけで、すぐに忘れてしまう。長い間、スペイン人によるひどい仕打ちで、すっかり人間が変わってしまったのだ。彼らを直すには、彼らの子供を教育するしかない」

11月27日（火）

ホテルの下男マリアノはケチュア族だが、スペイン語をかなり話すし、なによりもびっくりするほど人柄がよい。フェデリコの先住民に対する考えには一理あるが、それがすべてではなかろう。

午後、タラパカーの戦い（1879年、チリは硝石地帯の開発をめぐってペルーと戦争し、最終的にチリ領とした）の記念日だとかで開催された、民俗音楽の公演を聴きに行った。ケチュア族の民族衣装を着た女性の歌はすばらしかったが、日が傾くと、すごく寒くなってきたので、途中で退出した。この時期、夜になると、子供たちが雨乞いのためにロウソクを持って「ウノ、パライギータ、アパチムウエ（水と雨をください）」といって一軒一軒回るそうだ。

11月28日（水）

朝、中央広場（プラサ・デ・アルマス）にあるカテドラルに入ってみた。薄暗い教会内で印象に残ったのは、血だらけのキリスト像や厳しい顔の聖人たちの像である。なにか恐ろしいような気がした。ひとつの祭壇でミサが行なわれていたが、そこで先住民の女が、突然声をあげて泣き出していた。

マリアノの話だと、いわゆる三つ編みが2本なのはマチュピチュ（注1）やオジャンタイタンボの女で、チンチェーロの女たちは6本か10本だという。フェデリコに連れられてマチュピチュ行きの切符を買いに行った。5割引の切符を手に入れることができ、75ソルで行ってこれる。

午後、ひとりでサクサイワマンへ歩いて行った。巨石を積み重ねた廃墟はがらんとしていた。その帰路、ケンコ遺跡へ立ち寄った。大きな自然石に様々な彫刻がなされていたが、鉄もないのにどうやって彫ったのかと感心した。

11月29日（木）

今日、失われた都市といわれるインカ時代の大遺跡、マチュピチュへ行ってきた。あまりのすばらしさに夢でも見ていたような気がする。でも本当に見てきたのだ。朝7時10分発のアウトバゴン（屋根つきトロッコのような乗物）に乗って、ウルバンバ渓谷をプエンテ・ルイナス駅まで行く。そこでバスに乗り換えて、ジグザク道を登る。快晴に恵まれて、目の前に広がる遺跡群に狂喜した。夢中になって遺跡を見て回った。帰りのバスに乗ったころには、あんなによかった天気が一変

注1　インカ時代の大遺跡。1911年、アメリカ人のハイラム・ビンガムの発見で世界的に話題となった。ユネスコの「世界遺産」のなかでもっとも人気が高い場所のひとつである。

マチュピチュ遺跡

して、雨が降り出していた。

ところで遺跡にあるマチュピチュ・ホテルのサイン帳に記帳しようとして、ページをめくると、遺跡の上に立って、手に日の丸の旗をかかげている男の絵が目に入った。そこには衆議院議員・中曽根康弘のサインがあった。

12月1日（土）

チンチェーロからクスコへ出てきて半年という19歳のマリアノに、この町の女性との結婚をどう思うか聞いてみた。彼は「チンチェーロには土地があるし、家も建てられるから、来年にはチンチェーロの女の子と結婚したい。でも村ではラジオは一般的でないし、楽しみが少ないので、村の女の子と結婚しても、自分はクスコで働き、アパートを借りて彼女と暮らすことになろう」と言っていた。

午前中、イエズス会神学校へ行って、院長にピサックの司祭宛に紹介状を書いてもらった。再びホテルに戻ったところ、マリアノが走ってきて、ミス・インカのサンツゥサ・チョケコンサの姉が道を歩いていると告げた。ベランダに出てみると、彼女は同郷のチンチェーロの女たちとニコニ

クスコの市場付近

インカ帝国の都だったクスコの町並み

コ笑いながら、こちらを見ていた。マリアノに彼女と話してみたいと言ったら、自分は彼女と話したこともないし、スペイン語もほとんどしゃべらないと言うので、やめにした。フェデリコにサンツゥサのことを聞いたら、彼女は一度、プーノ出身の夫と共に、このホテルに泊まったことがあるという。彼女はアイマラ族が多く住むプーノでは、ケチュア族の民族衣装ではなく、アイマラ族のような服装をしているそうだ。

この後、郵便局に行くため、クスコの町を歩いていたら、先住民の貧しい子供たちが一塊になっているところへ出くわした。それを見ていたら、大きな家のドアが開き、中から主人らしい男が出てきて、パンを子供たちに分け与えた。まるで動物にエサをばら撒いているような、その光景を写真に撮ろうとしたら、通りすがりの白人女性から、なんで写真を撮るのかと、きつく咎められた。かわいそうな子供たちの実態をなくすためにも、その状況を撮っておきたい、と思ったからだといったが、その女性は「どうだか!」とあざ笑って行ってしまった。彼女からすれば外国人が国の恥を晒すような写真を撮るな、ということなのだろう。

12月2日(日)

朝6時にピサック行きのバスが出るというので、あわてて出かけた。外では小雨がぱらついていて、よい天気とはいえなかった。しかし農民にとっては恵みの雨なのだ。停留所へ駆けつけると、バスはなかった。すでに出た後だった。そこでトラックに乗って出かけることにした。どのトラックも先住民でいっぱいだった。トラックには布の屋根が付いていたので濡れなかったが、汗臭さには閉口した。私の隣にメスティソの夫婦らしい男女が座ったが、日本について知っているだけのことを並べながら、日本をほめていた。彼の態度には、自分は先住民より一段上の人間だという素振りを見せびらかしているように感じた。先住民の若者たちは車が揺れるたびに、中年の先住民の女に寄りかかっては、皆で吹き出していた。まじめな顔つきで押されないようにがんばっている、その女性の態度がおかしかったからだ。

ピサックの教会　この教会では説教や聖歌がケチュア語だった

車中、皆が雨を話題にしていた。雨が降らねば、食いものがないからだといっていた。トラックから見たトウモロコシ畑の多くは、無残にも枯れてしまっているものが多かった。

先住民は彼ら同士だと、まるで人が変わったように、すごく朗らかになるのがなんとも奇妙に思えたものである。

例年だと10月中旬から降り出す雨が、12月になってやっと雨期らしい気候になってきたとのことだ。

ピサックはクスコから30キロほど離れた山間の盆地に位置する。ビルカノタ川のつり橋を越えると、アドベ造りの粗末な家が並ぶ村落となる。独特の民族衣装を着けた男女が狭い道を行き交っていた。ケチュア族の典型的な村に着いたのだ。広場は日曜市でごった返していた。何人もの外国人観光客の姿もあった。そこで黒い服を着た神父に出会った。彼がピサックの主任司祭、オスカル・パンティゴソ神父だった。クスコのイエズス会神学校の院長の紹介状を彼に見せると、日出る国から来た学生だと、親しげな態度で接してくれた。貧しい聖堂で彼は、カトリック教会の共通語であるラテン語でミサを行ったが、説教はケチュア語だった。先住民の信者たちもケチュア語で聖歌を唄った。聖体拝領の際には、ほら貝のものすごい音がこだました。ミサが終わると、銀の飾りがついた杖を持つ４人のアルカルデ（村長）が聖堂の入口で神父に挨拶をした。

彼は私を神父館へ連れて行って、食事をご馳走してくれた。ラム酒で「乾杯」（彼は「コンパイ」と発声）した。三笠宮がこの地を訪れた時、自分が演説をしたとか、人形を贈られたとか自慢していた。私にたいしても「プリンシペ・ミカサ」（三笠宮）と言ったり、「バンザイ」と言ったり、上機嫌だった。この神父の教区には1万1千人の先住民が所属しているそうである。その彼に、近くの村で先住民の生活向上のために尽力している人類学者のことを話題にしたら、彼は共産主義者だと決め付けていたのが印象に残った。

教会のサクリスタン（聖具室係）の2人は貧相な顔つきをしたメスティソだが、しかしどんなに貧相でも先住民よりはずっと偉いらしい。私が先住民の写真をとりたいと言ったら、「オイオイ！」と大声で呼びつけて、私に写真をとらせてくれた。

市場に集まった先住民の女性の中には、黒い独特の帽子を白い花で飾っているかわいらしい少女もいた。また若い男の中にも派手なポンチョをまとい、指に銀製の指輪を5つか6つはめて、気取っている者もいた。ただこの地方では風呂に入らないのか、腕は垢で黒ずんでいた。ここで目にしたアルカルデは立派な顔つきで、態度も落ち着いていて、いかにも村長らしい威厳に満ちていた。外国人観光客が彼の写真を撮ろうとすると、お付の者たちがチップをしきりに要求していた。しかし彼は見て見ぬ風だった。

読み書きのクラスのあとのひととき（クヨ・チコ）

ペルー人学者による「クヨ・プログラム」

12月4日（火）

昨日はドクトル・オスカル・ムニェス・デル・プラド（クスコ出身の著名な社会人類学者。1992年没）と、「クヨ・プログラム」（先住民の生活改善のための計画）の件で話し合うため、国立クスコ大学へ赴いたが、不在だった。しかし文学部長が電話してくれて、午後2時にドクトル・オスカルとプラサ・デ・アルマスで会うことになった。

その後、郵便局へ行く途中で、3人のアメリカの学生と出くわした。2人はフルブライトの奨学生で、ケチュア語を勉強しているという。もうひとりは2メートル近くもある大男でサン・マルコス大学に留学して、社会人類学を学んでいるとのことだった。私も人類学の学生だというと、「オー！」と叫んで握手してきた。さらにこれから「クヨ・プログラム」を見学に、クヨ・チコへ行くのだと話したら、自分もそうだという。なんという偶然だろう。

2時過ぎプラサ・デ・アルマスにドクトル・オスカルがジープに乗ってやってきた。私と午前中に知り合ったアメリカ人の大男（ロナル

文字の読み方の授業　先住民は長い間、教育から除外されていたため、文字が読めず、搾取されるのが普通だった（クヨ・チコ）

ド・マックイルヴィン）も、それに同乗させてもらって、クヨ・チコへ向かった。途中、ピサックへ着くと、狭い道に車が止まっていて、前へ進めない。そこで村の有力者の息子であるハビエルという若者の誕生パーティーをしているとのことだった。仕方なく、我われは車を下りて、彼の家へ入って皆に挨拶をした。しかしそれからが大変だった。大きなコップになみなみと注がれたチチャ（トウモロコシ製の地酒）をいやというほど飲まされたからだ。さらにラム酒も飲めという。私は一気に飲んだが、ロナルドは断った。するとハビエルは「あんたはアミーゴ（友だち）ではないのか」と、振りかざしたナイフをテーブルに刺しながら叫んだ。彼もしぶしぶ飲まざるを得なかった。それから皆で「サルー（乾杯）」を繰り返しながら、今度はビールを飲んだ。ここでは注がれた酒は飲まねばならないのが習慣だと、ドクトル・オスカルは言ったが、ロナルドは悪い習慣だと怒っていた。

ピサックから2キロほど離れた山の中腹にあるク

ヨ・チコへ着いたころは、すっかり暗くなっていた。

宿舎に荷を降ろした後、ドクトル・オスカルとスペイン語教師のドクトル・サンチェスが泊まる部屋を訪ねた。２人はギターを弾きながら、ペルー民謡を歌ってくれたが、びっくりするほど上手だった。それから別の建物にいるロナルドのところへ行った。そこには「平和部隊」（米国のケネディ大統領が発案したラテンアメリカの発展のための援助組織）に属する２人の若い女性もいた。彼らとおしゃべりしたが、なんとも楽しかった。

ペルーには３００名の平和部隊の隊員がいるそうだ。女性は新しい料理法やミシンを使っての裁縫を教えている。男性は医師の助手などをしている。

ドクトル・サンチェスのスペイン語クラスを参観させてもらった。中年の男や若い主婦たちが学んでいた。中には赤ん坊を大きなショール状の布に巻いて、背中に斜めに背負っている女性もいた。先生が鉛筆削りの使い方を教えていたが、うまく削れない者もいて、ニヤニヤしたり、不思議そうな顔をしたりする者がいた。日本ならまるで小学校1年生のクラスにいる気分だった。授業が終わると、学校が用意した暖かい朝食を食べてから、生徒たちはそれぞれ仕事に出かけた。

12月6日（木）

今朝、いろいろとお世話になったドクトル・オスカルにお礼をいって、思い出深かったクヨ・チコからクスコへ戻ってきた。以下はクヨ・チコでメモしたものの一部である。

＊ドクトル・オスカルは１９５９年９月に先住民庁から派遣されて、このクヨ・チコへやってきた。サンプリングなどで様々なデータを収集することからはじめた。たとえばひとり当たりの土地所有は10分の１ヘクタール。年収は約60ドル。住民の罹患率（結核など）は85パーセントなど。

＊人類学者たちはクスコ出身のメスティソなので、当初、先住民は必要以上の信頼を寄せることに、疑問を感じていた。

＊まず住居の改良として、伝統的なわら屋根の家から瓦屋根の家に換えることにした。炉をつくって瓦を生産するには、瓦を焼く燃料が必要なのでユーカリの木を植えた。そのために５キロの長さの灌漑用水路を開いた。土塀の家には窓がなかったので、窓をつくった。現在までに15軒が改良され、28軒がまだ昔のままである。机や椅子を使わせるようにした。大工仕事は住民に教えながら働かせた。瓦は４５０ソル（ペルーの貨幣単位）で生産できるが、仲介人の手には６５０ソルでわたり、クスコの市場だとそれが９００ソルになる。

＊文化向上のために、学校を開校させた。男女別に２つのクラブをつくった。最初はスポーツを教えたが、このクラブを利用し、それまで栽培したことがなかった小麦などを植えて成功した。ケチュア語、ケチュア語とスペイン語、スペイン語の３クラスに分けて、読み書きを教えている。文字を覚えることを学んだ親たちは、子供を学校へ行かせるようになった。現在では、75パーセントに当る１２５人の生徒がいる。

＊ペルーの未識字率は52パーセント。クヨ・チコへやってきた時は83パーセントだったが、今

は約45パーセント。2年後には字が読めない者はいなくなるだろう。
＊教師などの給料は厚生省と文部省が支給している。
＊宗教的なことにはほとんど関与していない。普通、先住民にとってカルゴ（教会のための金銭的な出費や祭りの役職などでの時間的負担）は非常に重いが、クヨ・チコではこのカルゴがほとんどない。
＊女性には商品用の着物をつくるため、ミシンを使った裁縫を教えている。
＊塩などの消費財のための生活共同組合を設置した。
＊将来は瓦など小規模の産業を興すことである。
＊メスティソの農場やドミニコ会の教会が所有している土地を買い上げることを計画している。
＊以前は呪術医だけで、医者はいなかった。今では合理的な薬を飲むようになった。
＊以上のような計画にたいして、先住民とメスティソの反応は正反対である。先住民は好意的だが、ピサックのメスティソは馬鹿げていると批判している。

12月8日（土）

朝、目を覚ますと雨がしとしとと降っていた。今日はインカ遺跡のあるオジャンタイタンボを訪れるので、晴れることを願いながら、バス停まで行く。がたがた震えるほど寒いのに、土地の女の子たちは裸足で歩いていた。

バスで2時間ほど行くと、ウルバンバの渓谷が見えてきた。樹木が青々としてまるで別天地のような美しさだ。町の中心部では教会へ向かう楽隊の行列に出くわした。そこから30分ほどウルバンバ川を下っていくと、急斜面の両側にインカ時代のアンデネス（段々畑）が見えはじめた。それらは農耕用というよりも、山崩れを防ぐ防災用、あるいは要塞としての防御用ではないかと思われた。

オジャンタイタンボの集落は遺跡の上に立っている。村の広場からは、山の斜面に広がる堂々たる姿の遺跡が見えた。アンデネスの上には神殿などの建造物、その背後には城壁がめぐらされている。私は一気に遺跡の上まで登ってみた。雨は幸いやんでいた。そこからはアンデネスが一望の下に見渡せた。アンデネスには耕作用とそうでないものがあったのではないだろうか。山々に囲まれたこの遺跡のアンデネスは要塞用だろう。そこには灌漑用の水路の跡もなく、テラスの幅も3メートルほどしかない。ガイドブックによれば、この遺跡を舞台に、クスコのパチャクテック皇帝（注2）の娘とこの地の首長だったオジャンタイとの失恋物語のケチュア語ドラマが演じられるということだ。

12月10日（月）

今、私はチチカカ湖畔の町プーノへ向かう車中にいる。1等車なので乗客は5、6名しかいない。テーブルを隔ててコマンダンテ(軍の司令官)何某とかいう中年の男が新聞を読んでいる。プー

注2　インカ帝国の9代目の皇帝（1438年－1471年）。

アンデス一人旅　1962年

上　館長のソリアノ神父（ワラス博物館）
下　チンチェーラで帽子づくりの夫婦とガイドしてくれたアイマラ族の若き指導者

ノまであと280キロぐらいであろうか。外では冷たい小雨が相変わらず降っている。

ところで昨日は、クスコからトラックに乗ってチンチェーロへ行った。私は満員のトラックの荷台にある椅子に座ったが、赤子連れの先住民の女にその席を譲ったところ、礼もいわずに無表情のまま座った。ほかの先住民たちは私をじろじろ眺めていただけだった。ホテルの下男マリアノも同乗していたが、赤い顔をして下を向いていた。

トラックはがたがたと坂道を登って行った。チンチェーロはクスコから約25キロの地点にある。村の入口で、以前この村で調査をしていた社会人類学者の三浦信行氏（1962年に二見書房から出版された『呪術の帝国　秘境チンチェーロ』の著者）を知っているという、バレンティンという名の若者に出会った。この村独特の衣装を着けた男女が広場で開かれる日曜市へと急いでいた。ここの教会はインカ時代の住居址の上に立っている。内部は荒れたままだが、壁画などから創建当時の豪華さがしのばれる。ミサや聖歌はケチュア語で行なわれていた。聖体拝領の前に、笛と太鼓でリズムが奏でられたが、それは西洋的なものとは違った、どちらかといえば東洋的なものだった。ミサの後、無原罪の聖マリアの像が広場の四方に担ぎ出されて、祝福が行われた。

マリアノと一緒にアンデネスと彫刻が施された巨岩がある遺跡を見物した。また太陽を縛った跡が残っているというチンカーナ遺跡へも行った。そこの穴にひとりの男が入り込んだが、気分が悪くなったというので、我われが介抱してやった。

広場のそばを葬式の一行が早足にやってきた。旗を持った男たちを先頭に、家族などが続き、最後が笛と太鼓の楽隊だった。教会へ着くと、その前で彼らは大声を上げて泣いていた。

国が推進する「プーノ・タンボパタ計画」

12月16日（日）

10日の朝8時、クスコからペルー南部鉄道に乗って、プーノへ向かった。途中のフリアカまで同乗していたコマンダンテ（司令官）何某の息子と、ペルーの社会問題などについて話し合った。彼によると、小作人の給料は1日、1ソルの5分の1、つまり20センターボとのことだ。また先住民は怠け者なのではなく、農場主が適切な給料を払わないから、働かないだけだと言っていた。

何時ごろだったろうか、汽車は標高4319メートルのラ・ラヤ駅に着いた。周りにはイチュというイネ科の草のほか、なにも生えていない。先住民はビクーニャ、アルパカ（共にラクダ科の動物）、それにスペイン植民地時代に導入された羊や牛を飼っている。農作物はキノア（アカザ科植物、宇宙食に利用されて話題になった雑穀）、ジャガイモなどである。

途中から私が乗った1等車に、アルカルデと呼ばれていたメスティソの男とその一団が乗り込んできた。彼らは大声を上げたり、酒を飲んだりして、その柄の悪さはぞっとするほどだった。中には車掌に切符代を払わない者もいた。いわゆる地方のボスとはこういった連中をいうのだろうが、彼らに支配されている先住民がかわいそうだ。

夕方の6時45分ごろ、我われを乗せた汽車はうすら寒いプーノの駅に着いた。チチカカ湖上に浮かぶ夕日に照らされた葦舟が印象的であった。

この町では、原田さんという日系人が経営する雑貨店「バサール・アウロラ」を訪ねて、氏から安宿を紹介してもらった。

11日の朝、「プーノ・タンボパタ計画」の事務所を訪問した。そこでクヨ・チコで別れたロナルドと再会した。そこから彼と一緒にタラコへ向かった。ここでは1947年から、SECPANI（北米・ペルー教育協会サービス）によってプロジェクトが開始されている。タラコの作業所にある機械類はすべてドイツから寄贈されたものだそうだ。プロジェクトのセンター以外の建物は、アドベ（日干しレンガ）造りである。この一帯は高地のために木1本生えていないからだ。近くに住む先住民の家をジープに乗って訪ねた。そこでは中庭の周りに5軒の家が立ち、それらの間に台所と石の台が置かれていた。いわゆる拡大家族（核家族が拡大したもの）の住居である。彼らは羊などの家畜の飼育を生業としている。家の壁に牛の絵が描かれていたが、家を建てた時、リャマ（ラクダ科動物）の血で描いたものだそうだ。またこの地帯の燃料は全て乾燥した家畜の糞である。

この後、ピリンという村へ行った。ここからは広大なチチカカ湖が見渡せた。3番目に訪れた村のウアンコジュスコの一帯の者たちは、アレキパやリマなどの大都市に働きに出かけるとのことだ。帰路、満月に照らされたアンデス高原の道をさまよいながらプーノまで戻った。道中は冗談をいい合っての楽しいものであった。

12日はアイマラ族の地域に属するチュクイト（プーノから約20キロ）へ行った。途中、いろいろなアンデネスが見えた。同行してくれたアイマラ族のシリロ・ママニ・オルテガという名の若者の説明によると、それらのアンデネスには水路はなくて天水だけだが、農耕用に使用しているとのことだった。チュクイトの手前の村はイチョというが、エクアドルから来た部族らしい。チュクイト

トトラを刈り取っているところ　葦舟の材料になる（チチカカ湖）

の人間は、彼らとは結婚しないそうだ。また彼の話だと、アイマラ族はなんでも快く引き受けてくれるが、ケチュア族は疑り深いという。

チュクイト基地の大きな建物では、56名の生徒に大工仕事、自動車技術などを教えている。2年間無料で、寄宿舎制度もある。チュクイトに属するチンチェーラでは、羊の毛を使って山高帽をつくっている。羊の毛をよく洗い、それを型に入れて、炉にのっている鉄板の上に置く。それを手で水をつけながら固定させる。硬くするためには粉を使うそうだ。

チュクイトからの帰り道、シリロ君からトトラ（カエツリグサ科植物）の葦舟に乗らないかと勧められてびっくり。よいチャンスなので、乗ることにした。湖畔では女たちが水辺で草を食べている牛を見守りながら糸を紡いでいたり、湖上のトトラの群生地から切り取ってきたトトラを葦舟で運んだりしていた。シリロ君の知り合いの者から真新しい葦舟を借りて、湖上にあるトトラの群生地まで行ったが、周りの景色を眺めながら、夢心地であった。トトラの根の部分は食べられるというので、腹一杯食べてみた。うす甘いネギのような食感だった。葦舟は毎日使っていると2、3か月ぐらいしかもたないそうだ。

シリロ君からプーノ・タンボパタ計画について、次のような説明をしてもらった。

＊村に学校を建て、それから便所と井戸をつくって、生徒たちに使わせた。以前は便所がなかったし、井戸も衛生的ではなかった。便所と井戸が生活改良のための初期の目的のひとつであった。

＊先住民はほとんど野菜を食べたことがなかったので、野菜料理をつくって食べさせ、野菜の美味しさや重要性を教え、家庭菜園をつくるように指導している。先住民に足りないのは野菜と肉、つまりたんぱく質と脂肪だといわれている。

＊先住民の畑は狭いので、トラクターなどの機械類が使えない。各家族の畑をひとつにまとめて共同作業をすれば、収穫も収入も増えると説明しているが、向上心が足りず、まだ納得していない。

ピジャピの「農村開発プロジェクト」

12月19日（水）

再度、チチカカ湖畔の町プーノに来ている。

13日はバスに乗って、ボリビアのラ・パス市へ向かった。バスの乗客はアメリカ人3名（ロナルド、それに農地改革について調査するという夫妻)、日本人2名(私とリマの親戚に会ってきたという沖縄出身の移住者)、アルゼンチン人2名、ボリビア人2名、それにペルー人1名だった。チチカカ湖を眺めながら、夜の10時ごろ、ラ・パスへ着いたが、不案内なので、アメリカ人3人とともに沖縄出身者に同行して、日本人経営の民宿へ泊まった。その宿の娘は我われ日本人を見て、なにかそわそわしていた。

14日は先住民問題の資料を入手するために「デサロージョ・ルラル」(農村発展)という名の事務所(昨年までは「ミシオン・アンディーナ」と言っていた)を訪ねた。そこの職員の案内で、5

上　ティワナク遺跡「月の門」　ティワナク文化が発展したのは、チチカカ湖の水を利用したトウモロコシ農耕とリャマなどの動物の飼育によると言われている
下　ティワナク遺跡で見たアイマラ族の女たち

か月前に設立されたばかりというボリビア先住民庁にも行った。

15日はロナルドと一緒に、市場、ティワナク博物館、それにツーリスト・カードを得るためにペルー領事館へ行った。

16日はティワナク遺跡（注3）をロナルドと共にバスに乗って訪ねた。夢にまで見た有名な「太陽の門」は思っていた程大きくないのが印象に残った。高さ2メートル半くらいの一枚岩の門である。「月の門」もロナルドがやっとくぐれるほどの小さな門だった。ボリビアを代表する考古学者、ドクトル・ポンセ・サンギネスが目下発掘中だという遺跡も見たが、侵食が激しい土壌では復元は無理だと思われた。ティワナクはちょっと期待はずれの遺跡だったが、ここはボリビア・インディヘニスモ（先住民主義）のシンボルになっているところである。

次は農村発展プロジェクトのひとつ、ピジャピを訪れた。ティワナクの村から乗ったバスで、今まで見たことがないほどきれいな先住民の娘に出くわした。身なりは粋だが、足元ははだしだった。そのすっきりした目鼻立ちと真っ黒な瞳に、吸い込まれるほどだった。彼女は同じようにかわいらしい仲間と、にぎやかに笑いながら話し合っていた。

ピジャピのセンターは、10年ほど前まではアシエンダ（大農場）の建物だったところである。そこでマリーと呼ばれていた女の子と知り合った。この基地では周辺の16の共同体の生活改善ために働いている。農民問題省、農業省、厚生省、それにOIT O（国連国際労働機関）、UNESCO（国

注3　チチカカ湖畔にある古代遺跡（紀元前400年－紀元1100年）

連教育科学文化機関)、FAO(国連食糧農業機関)、OMS(世界保健機関)から援助を得ているとのことだ。

かつてこの農場では、チチカカ湖からモーターを使用して、畑に水を撒いていたが、1952年の農地革命で農場主がラ・パスへ行ってしまったため、それが放置されて、だめになってしまったらしい。

夜はマリーをはじめとして、このセンターで働く若者たちとトランプをして楽しんだ。彼女が私にやり方を親切に教えてくれたが、これが同席のマルセロという名の男の気に入らなかったことを、後になって知った。

17日の朝に訪ねたのはカラカラという名の村だった。ある若い農夫の家には妻と10歳の息子がおり、6頭ほどの牛と豚、20頭の羊、数羽のニワトリを飼っていた。畑にはキノアとジャガイモを植えてある。泥造りで窓がない家の入口は腰を曲げて入るほど小さい。暗い家の中には炉と高さ約30センチの土の床があるだけだ。窓がないのは、悪運が入り込まないようにとのことである。

ロナルドはこの高原が農業に適さないと分かっているのなら、農業に無駄な金を使わずに、牧畜などにつぎ込むべきではないかと質問した。その先住民は、1年をどうにか過ごせればと願って働いているが、大規模な牧畜などには興味がないと述べていた。

午後、センターの周りにあるかつての農場施設を見て回ったが、どれも廃墟と化していた。ロナルドは「このような遺跡は嫌いだ」とつぶやき、ボリビア革命は「教育なしの革命だった」と言った。

そのボリビア革命について、どのようなものであったかを次に簡単に記しておこう。

ボリビア革命とは、1952年から1964年まで政権の座に就いていた国民革命運動（MNR）の指導者ビクトル・パス・エステンソーロの政治を指す。この時期に、男女に選挙権を与える普通選挙、アシエンダを解体して土地を持たない農民に土地を分配する農地改革、および錫鉱山の国有化を実施した。これらによって、それまでの半封建的な体制を一挙に近代国家に変革しようとしたのだが、国内情勢はかえって悪化したと言われている。読み書きができない先住民にも与えられた選挙権は多くの場合、政府と結びついた村のボスによって操られたらしい。また小作人だった農民が先祖の土地を返してもらっても、自分の生活を維持するのがやっとという程度の農作物しかつくれず、国としては大幅な農作物の減産となった。輸出の90パーセント以上を錫などの鉱物に頼っていたボリビアとしては、錫鉱山の国有化で国家財政を立て直そうとしたが、これも錫の価格が他国のものと対抗できず、経済は破綻寸前に陥ってしまったからだ。その結果、1964年に勃発した軍事クーデターによって、パスは追放され、革命は中断した。

午後、センター脇で、マリーに恋心を寄せていたらしいマルセロから、なぜ俺の女に手を出したと、いわんばかりに詰め寄られた。私が、柔道を知っているかと話したところ、そんなもの知らないというので、教えてやろうかと胸元を掴んだ。それで彼はけんかを仕掛けたと勘違いして、殴りかかってきた。そこで2人は上になったり、下になったりの格闘の末、私が彼を横四方固めで組み伏せてしまった。そしてふと気がつくと、我われ2人の周りは人で囲まれていた。

18日、ロナルドと私はピジャピを発ったが、マルセロはしけた顔をして建物の隅で見え隠れしていた。私はマリーに手を振られながら、センターを後にしたのである。

ティワナクの村からトラックでデサグアデーロまで行き、そこで橋を渡ってペルー領に入り、そこからまたトラックに乗って、プーノへ舞い戻った。

12月21日（金）

19日の夜は、プーノでの成功者である原田氏の家で鱒料理をご馳走になりながら、氏の苦労話を伺った。鱒は日本人がチチカカ湖で養殖したものだそうだ。

20日の朝、原田氏はプーノ駅まで見送りに着てくれた。クスコまで丸１日かかる汽車の旅だが、氏から貰った日本の新聞を読んでいるうちに、クスコへ着いた。以前泊まったホテルに荷物を置いてから、「バサール・オオムラ」を経営している大村氏を訪ねて、遅くまで話し合った。

アマ・スワ（盗むな）、アマ・ユヤ（偽るな）、アマ・ケイヤ（怠けるな）と挨拶しあったインカ帝国の民は、正直で勤勉な人びとだったが、今では盗むこと、嘘つくこと、怠けることが当たり前になっている。４００年にわたるスペイン人による政治が、彼らをこのようにさせてしまったのだという。

12月25日（火）

クリスマス・イブは、ホテルの経営者の息子フェデリコと一緒にサンタ・アナ学院で行われたＵＮＥＣ（カトリック学生連盟）のミサとパーティーに参加した。各地からクスコに来ている50名以上の学生のために行われたものだ。神父はミサの説教の中で、「ここに集まっている学生は故郷を離れた者たちばかりだが、私たちは皆、キリストの家族に属しているのだから、仲良く楽しいひと時を過ごしてほしい」と語っていた。パーティーではそれぞれが歌を唄ったり、詩を朗読したりした。私は「五木の子守唄」を唄ったが、拍手喝采だった。それから「フェリセス・パスクァス（クリスマスおめでとう）」といいながら、互いに抱擁した。ホテルへ戻ったのは夜中の3時過ぎだった。

ビコスの「ペルー・コーネル計画」

12月30日（日）

26日の朝9時半の飛行機でリマへ戻った。リマはとても蒸し暑く感じた。ここでは田中平次という日系人の成功者に出会った。滋賀県出身だという氏の新築の豪邸には、琵琶湖をかたどったという池があった。

27日に再び田中氏にお会いした。天野さんが一家でカハマルカ方面へ旅行中だというので、私の荷物を一時、預かってもらうためだ。氏は大変な世話好きで、私が訪問するワラスに住む谷川氏に電話をかけてくれたり、また私がお世話になるだろうからと言って、谷川氏への贈り物として日本食品を購入したりしてくれた。

28日の朝まだ暗い3時に乗り合いタクシーに乗って出かけた。途中の広大な海岸砂漠に目を見張りながら、4000メートルの高地にあるアンデス山脈に囲まれた大渓谷地帯のカジェホン・デ・ワイラスへ行った。そこでの中心都市ワラスへは正午ころに着き、谷川氏のお宅へ直行して、そこで泊まることになった。夕食には土間で飼っているクイ（テンジクネズミ）の料理をご馳走になった。あっさりとした鶏のような味で結構いけるが、なんとなく気持が悪かった。

29日は谷川氏に連れられて、ワラスの博物館へ行った。そこでソリアノという名の神父から、チャビン時代の後に栄えたカジェホン・デ・ワイラス文化の石彫などについて解説してもらった。

今日は昼食後、谷川夫妻、それにワラス市民銀行の頭取とその3人の子供とで、タクシーを使って、先住民の生活改良計画で国際的にも話題になっていたビコスのセンターへ行った。ここでは「平和部隊」の13名のアメリカ人隊員も手伝っているということだ。私はここに5日ほど滞在して、この「ビコス計画」(注4)の実態を観察し、それからチャビン・デ・ワンタル遺跡(注5)へ行く予定だ。

「平和部隊」のメンバーに挨拶に行ったところ、クヨ・チコで知り合った2人の女性がいたのでびっくりした。彼女らは正月をこのビコスですごすためにやってきたのだそうだ。夕食は彼女らと一緒にとった。谷川氏の奥さんから、新年はどうすごすつもりかと、何度も聞かれたが、ここに留

注4　アメリカのコーネル大学の社会人類学者を中心に1952年からはじまった先住民社会の発展のための計画。応用人類学の知識を用いて、変化を促進させようというもの。

注5　紀元前1000年ころから紀元前400年ころにかけて栄えたチャビン文化の中心地。

まることにした。

12月31日（月）

昼過ぎ葬式の行列が、センターにある教会の前を通るのを見た。楽隊のにぎやかな音楽に合わせて、死の悲しみを隠すためか、おどけたような奇声を挙げたり、踊り狂ったりしていた。男も女も皆、ふらふらになるほど酔っ払っていた。

この後、ビコス計画の資料を書き写したりしてすごした。そのひとつに、1962年4月4日付けの新聞に次のような記事があった。ただし私にはあまりにも楽観的すぎる内容に思えた。

「2000人以上のアンカシュ県のビコスの先住民は、ペルーの600万人の土着民が召使から主人に変わる可能性があることを示した。500年前からアシエンダ・ビコスの小作人として暮してきたアンカシュの先住民が、国の援助でその土地を買い取ったからである。これは1951年から行なわれている人類学調査であるペルー・コーネル計画のお陰で可能になった。この計画によって、それまでペルーでもっとも遅れた先住民のビコスの住民が、決して考えたこともなかった土地の所有者になったのだ。大昔から共同体組織での労働に慣れていた土着民が、その組織の力を失い、絶望的な小規模農地で苦闘していた。この農地所有についての変換に生き残れなかった者が搾取される小作人となった。彼らはそのみすぼらしい小屋や小さな耕作地と交換に、わずかな額の給金を受けている。ビコスのこの度の出来事は、先住民

1月1日に行われる村長の交代の儀式
新村長に選ばれた者がぐずったことで、この日の儀式は中止になった（ビコス）

を利する未来の農地改革の模範となる可能性がある。ペルー・コーネル計画は、押し付けや外来制度の輸出ではなく、先住民がその労働にかんする肯定的な要素を明らかに発展させただけなのである。」("Vicos: Un Ejemplar", por Demetrio Túpac Yupanqui)

夕方、先住民の子供たちとボール投げをしたり、歌を唄ったりして、すっかり仲良しになった。これらの子供たちの親は、14、5年前までは、ペルーでもっとも遅れた共同体といわれていたこの地で、農場主から奴隷の如く扱われていたのである。しかしコーネル大学の人類学者たちが彼らを手伝おうとして、ここへやってきたころは、理解されずにひどく警戒されたらしい。中には石や棒切れを投げつける者もいたそうだ。

この近くの村の出身者だという賄い婦は、彼らの当時の状態について、教育を全く受けていない、まるで動物のような生活だったと、語っていた。

元旦には村人全員がここの教会の前に集まって、アルカルデ交代の儀式を行なうとのことだ。

しい。

1963年1月1日（火）

日本では正月をいろいろと祝うが、当地では元旦の村長の交代の儀式以外、特別なことはないらしい。

午後3時ごろ、本年度のアルカルデの引継ぎのための一団が笛と太鼓の楽隊と共に、教会を目指してやってきた。男女ともひどく酔っ払っている。そして教会の前で音楽に合わせて女たちが酒をラッパ飲みしながら、狂ったように踊った。私はペルソネーロ（代行者）のセルソ・レオン・エレラと共同体のプレシデンテ（議長）のパブロ・シリオと一緒に、踊っている一団を横切って教会の中へ入った。古ぼけた内部の正面にはペルーの守護聖人であるメルセーの聖母の像と、ビコスの守護聖人である聖ヨハネの像が並んでいた。祭壇の前には幼子イエスの像がワラ葺きのアーチの下に横たわっていた。この地方独特の帽子がその像の頭のところに置かれていた。引継ぎの宣誓はこの人形の前で行われるとのことだ。再び表へ出てみると、一団は相変わらず踊り狂っていた。そうこうする内に前のアルカルデが、銀製の飾りが付いた杖を、今年度のアルカルデに手渡そうとしたが、受け取ろうとしない。パブロの説明だと、テーブルが置いてないのに渡そうとしたので、いやがったのだそうだ。そのうちに取っ組み合いのけんかとなって収拾がつかなくなり、前のアルカルデの一団は、楽隊と共に戻って行ってしまった。パブロによると、今度の土曜日に儀式なしで新しいアルカルデに引き継いでもらうとのことだった。ここでの実権は、ビコス計画の中で育った若者へ移っていて、伝統的なアルカルデは名前だけのものになっており、しかも役職を務めるには、経済的な負担が大きいため、誰もなりたくないようである。

ブエノス・アイレスという名の峠で、周辺に住む子どもたちが体操をしているところ（チャビンへの途中）

この日の午前中は、天気がよかったので、ひとりで6000メートル級のアンデス山脈の山々が一望できる裏山へ登った。最高峰のワスカラン（6768メートル）は雲に覆われてよく見えなかったが、ほかの雪を頂いた山々は感激するほど美しかった。

ビコスの若者はすでに現代的な考え方をしているが、年寄りなどには昔ながらの悪習（?）に染まっている者も少なくないらしい。酒とコカ（コカノキ科植物、コカインの原料）のことである。酒は虐げられた先住民にとって、唯一のうっぷん晴らしなのだ。とくに女たちが酒を飲んで踊り狂う様は、見ていて悲しいほどだった。石灰の粉を口に入れながら、コカの葉を噛むことが習慣になっているのは、一種の幻覚作用で飢えや疲れを感じずにいられるからだ。

1月5日（土）

今、私は太平洋岸の都市、トゥルヒージョに来ている。田中平次氏から紹介された桶田氏に会って、中国人経営のホテルに連れて行ってもらった。ここでシャワーを浴びてから、市内を見て回ったが、感じがよいところだ。リマと同様に、日本人と中国人が多いようである。

2日の午後、ビコスの「コーネル・ペルー計画」の所長であるマリオ・バスケス氏（コーネル大学で人類学を学んだという若いペルー人学者）に会った。彼は「ここでやっていることは、昔ながらの農耕を行なっていた先住民を西洋の農民のように仕立てることだ」と言って自慢したが、私にとっては素直に納得できるものではなかった。

3日の早朝の3時すぎ、平和部隊の女性隊員がリマへ行くというので、そのジープに同乗させてもらい、途中のワラスで降りた。それからバスでカタックまで来たが、そこで朝食を取っている間に、チャビン行きのバスは通過して行ってしまったらしい。次のバスは午後にならないと来ないというので、アンデス越えの峠にある、ブエノス・アイレスというところまで歩いて行った。その見晴らしのよい場所には粗末な茶屋が1軒だけ、ぽつんと建っていた。バスは待てども来なかった。そのうちに日が暮れてしまい、表にいては寒いので、家の中へ入れてもらった。この店の主人である先住民の男は親切にも、何枚かの穀物袋を使えと貸してくれたので、それを布団代わりにして横になったが、一晩中、ノミと思われる虫が何匹も体中を動き回るのには閉口した。

髪の毛が蛇であることから、ギリシャ神話の「メドゥサ」と呼ばれている石彫　その顔は人間とジャガーを組み合わせたような表現である（チャビン・デ・ワンタル）

チャビン・デ・ワンタル遺跡
アンデス山脈を越えて、アマゾン川に至る斜面の谷間に位置している

4日の朝5時半すぎ、バスが来たというのでそれに飛び乗った。外はみぞれが降っていた。コルディジェーラ・ブランカ（「白い山脈」の意）の雪山の峠を越えて、念願だったチャビン・デ・ワンタル遺跡へ行った。想像していたより大きな遺跡で、それが狭い渓谷の谷間に横たわっていた。石造りの巨大な建造物や、迫力ある神像の彫刻が今から2500年も前につくられたとは、なにか不思議な感じがした。

1月12日（土）

ルイス・トヤマ君（後述）に見送られて、今朝の1時半ごろ、飛行機でリマを発ち、エクアドルの太平洋岸の都市グァヤキルへは、午前4時すぎに到着した。午前中、メキシコの友人から紹介されていたカルロス・コレア君に案内されて市内見物をした。小さな都市だが、南米の都市としてはきれいなところだ。しかし蒸し暑い。

6日の午前中は、桶田氏に連れられて、トゥルヒージョから2、3

キロの地点にあるチャンチャン遺跡（注6）を見学した。その遺跡の大きさにはびっくりした。全てがアドベ（日乾レンガ）造りなので、破壊が激しく、数年後にはかなりの部分が崩壊してしまうのではないかとすら思った。この夜、夜行バスでリマへ戻った。

7日は田中平次氏のお宅で昼食をご馳走になった。

8日は桶田氏がトゥルヒージョへ戻るので、田中氏一家と中華料理店へ行った。この後、中国人経営のホテルを出て、沖縄出身者が経営しているホテルへ移った。

9日、ホテルの2軒隣にあるレストランの経営者の息子で、沖縄出身の2世であるルイス・トヤマ君と懇意になる。彼に連れられて、サン・マルコス大学などを見て回った。彼は知り合いの学生に会うと、挨拶代わりに、「レボルシオン（革命）！」と声をかけていた。

10日はひとりでパチャカマック遺跡（注7）見物に出かけた。アドベ造りの大遺跡だ。

11日の夜、天野氏のお宅を訪問して、旅行から戻ってきたばかりの天野氏に会い、たがいに再会を喜び合った。カハマルカの先の海抜3700メートル以上の高地にある大遺跡を見てきたと、天野氏は夢中になって話してくれた。私とメキシコの荻田政之助氏のためにと、土器を土産に下さった。

注6　紀元100年ごろからインカ帝国に征服されるまで栄えたチムー王国の都。
注7　紀元前200年ごろからインカ帝国がスペイン人によって征服される1532年まで重要な宗教の中心地だった。

コロラド族とオタバロ族

1月13日（日）

朝6時にバスでグァヤキルからキトへ向けて発った。途中で見たバナナ畑と高床式の粗末な家が印象的だった。さらに進むと海抜4000メートルの高地となり、とても寒かった。バスの乗客たちは乗り物酔いのせいか、青い顔をしていた。キトまで後90キロの地点で、昼食のためにバスが止まった。それで私が便所に行っている間に、バスは出発してしまったのだ。私はびっくりするというよりも、おかしくなって笑ってしまった。それからタクシーを飛ばして、次の停留所で追いついた。運転手からは100スクレ（エクアドルの貨幣単位）を要求されたが、高いといって80スクレだけ払った。

キトは山々に囲まれたコロニアル風のきれいな都市である。拓殖大学出身の2人の学生（井上君

コロラド族の大呪術医アブラアム・カラスコン

と山崎君）に会うため、タクシーで大学都市へ向かった。大学で2人に会ったが、当国で唯一の日本人学生としてがんばっているらしい。キト滞在中は大学レジデンスに泊まることにした。一流ホテル並みで居心地がよい。彼らから借りた文芸春秋の11月号に、堀江謙一青年の記事「太平洋横断ひとりぼっち」が載っていたので、ベッドで横になって読んだ。

1月17日（木）

14日は当地にあるミシオン・アンディーナ（先住民の生活向上のための国際機関）のオフィスを訪ねて、資料を入手してきた。

15日は朝8時半出発のバスで太平洋岸の熱帯地方の町サント・ドミンゴ・デ・ロス・コロラードスへ向かった。昼ごろこの町に着き、レストランでロドリゴ・チャベスという名の感じがよい若者と出会った。コロラド族のところへ一緒に行ってくれるということだ。

彼と別れてから、「植民化パイロット・プラン」（移住希望者に土地を与えてバナナなどを栽培してもらう計画）の事務所へ行った。そこのジープで付近のバナナ畑を見て回ったが、その規模は驚くほど大きかった。そこには植民者のためのセンター、小学校、映画館などの施設があり、家族により、30、50、あるいは200ヘクタールの土地が与えられているそうだ。そのほかにも政府から様々な援助があるとのことだ。現在、60家族ほどが住んでいる。2週間ほど前には、日本人がマニラ麻を植えるための調査でやってきたと言っていた。

16日はロドリゴ君の案内でコロラド族に会いに出かけた。バスで20分ほど行ったところで降り

先住民の子供たち　大人も子供も同じような民族衣装を着ている

て、ジャングル地帯へ分け入った。道はぐちゃぐちゃにぬかってい た。途中で火を焚きながら談笑している数人のコロラド族が目に入った。上半身裸で、頭はチアの実で赤く染めている。猛獣狩りに使うライフル銃を肩にかけていた。私たちはけものと間違われて撃たれるといけないので、道なき道を迂回しなければならなかった。彼らがライフル銃などを持つようになったのは、外国人が映画の撮影などで、彼らに多額の金を支払うようになってからだそうだ。

私が会いたかったのは、有名な呪術医アブラアム・カラスコンであるが、彼の住まいへ行くには川を渡らねばならない。川の両側には太い針金が渡してあり、それに人が乗る板がついている。それを利用して渡ると、そこにいた腰巻だけをつけた女たちや子供たちが、我われを見て、家の中へ逃げ込んでしまった。彼の家は住居用と集会場のような大きな高床の家からなっている。治療に使う水や薬草を入れた桶もあった。穴に熱した石を入れて、それに水をかけ、その蒸気で体を清めたり、治療をするのだと、ロドリゴ君は説明してくれた。

私はアブラアムに面会できた。20貫以上もありそうな大男だ。年齢は40歳くらいだろう。アブラアムも髪の毛をチアという植物の実

つくったものを持込んで売買する　とくにオタバロ族のつくる伝統的な織物はすばらしかった

をすりつぶしたものと油で赤く染めていた。体も同じように赤くしてある。蚊に刺されないためだそうだ。彼もピストルと銃を持っていた。私は彼と写真を撮ったりしたが、ロドリゴ君は後で、怖かったと言っていた。

彼のところにはエクアドル全土から治療にくるらしい。中にはコロンビアからやってくる者もいるそうだ。1回の治療に1000スクレもかかるらしい。ロドリゴ君と帰りかけていたところに、チリ人が5、6人の先住民を連れてやってきた。映画を撮りたいと話したら、4000スクレ払わないとだめだと言われ、彼は青い顔をして戻って行ったが、無事に戻れたかどうか心配になった。

コロラド族は20年ほど前までは狩猟採集民で、定住していなかったが、現在では政府が彼らの居住区を決めてしまっていて、各家族はジャングルの中に別々に分かれて暮している。密林に住む彼らは高地の先住民のように褐色ではなく、日本人のような肌の色をしている。

キトには昨夜、12時ごろ着いた。

1月19日（土）

17日はキトから同じ高原地帯の町イバラまで気動車に乗って行った。ここは肥沃な土地で緑が美しかった。ちょうど昼時なので、レストランへ入ったが、そこの経営者は黒人の女だった。鼻歌を唄いながら、応対していたが、いかにも陽気な黒人といった風情だ。「あんたどこから来たの」と尋ねたので、「日本」といったら、「ずいぶん遠くから来たのね」と興味津々だった。となりに座っていた中産階級らしいメスティソの客は、「日本人が来なければ、エクアドルはよくならない」と言った。

この後、ミシオン・アンディーナの事務所を訪ね、そこの職員と一緒にオタバロに近い村の学校を見学した。ここの先住民の身なりがきれいなのにはびっくりした。女性は首に金色のネックレスを幾重にもしていて、伝統的な着物も清潔なものを着ている。子供たちも皆、伝統的な服装をしていた。子供たちは私にたいして「ブエナス・タルデス、セニョール」と挨拶した。それから織物工場へ行った。そこのオタバロ族の夫婦は商売に役立つだけでよいから、英語を習いたいと語っていた。それで人を集めて、スペイン語の読み書きと英語の初歩的な会話を、週1回勉強しようということに決めたそうだ。私は今までいろいろな国で先住民に会って来たが、こんなに積極的な民族集団に会うのははじめてだ。イバラのホテルで1泊した。

18日の朝、オタバロの町の市場へ行った。ここはすごい人出だった。皆、この土地の同じような格好をしている。男は長髪を1本に束ねて三つ編みにしている。それに羊毛製の帽子をかぶり、長いポンチョ（貫頭衣）を着ていた。メスティソの男がガイドしてやると言って、土地の男たちが踊りを踊っている、チチャ（酒）の店がある場所へ連れて行ってくれた。皆、酒を飲んで踊っているのでちゃんとは踊れない。中にはメスティソの男の格好をして、道化のように踊っている者もいる。私が写真を撮ろうとしたら、許可してもらうために、祭りの世話役にチチャ（20スクレ）をやらねばならないというので、支払った。しかし踊っている者がこちらを見て、50スクレよこせと言ったとかで、ガイドと言い争いになった。それで我われはその場を離れた。そのメスティソの男は、「インディオはいつも俺の腹を立たせやがる」とつぶやいていた。

そういえば最近、ミシオン・アンディーナの白人医師が2人、先住民の怒りを買って、山刀で切りつけられ、その上、縛られて火あぶりにされたと、ミシオン・アンディーナの所員から聞いた。地域の霊的指導者でもある呪術医の行為を否定したのが、その原因のようだ。このことは私に、植民地時代、スペイン人が昔からの信仰を捨てない先住民を拷問したり、火あぶりの刑に処したりしたことを思い出させた。ともかく先住民の屈折した心情を理解するのは容易ではない。

1月21日（月）

20日の日曜日の午前中、ひとりでキトの教会を見て回った。イエズス会のラ・コンパニーア教会の内部は、一面黄金に輝いていてすばらしかった。中南米で最も美しい教会のひとつであろう。午後は当地に留学している井上君と、映画を見たり中華そばを食べたり、ホテルのバーでウイスキーを飲んだりしながら、語り明かした。

今日は山崎君に同行してもらって、土産の買いものに行ったり、メキシコへ戻るための準備をしてすごした。

1月23日（水）

昨夜は、グァヤキル市でカルロス・コレア一家から、焼飯をご馳走になったり、シャワーを浴び

ラ・コンパニーア教会　内部は全面、黄金で飾られている　植民地時代、教会建築のために、如何に贅を尽くしたかが分かる（キト市）

たり、ハンモックで一休みさせてもらったりと、とても親切にしてもらった。

今朝の3時半発の飛行機でメキシコへ戻るつもりで、2時ごろ、飛行場に着いた。そこで荷物を量り、税関へ行ったところ、出国ビサがないから、だめだという。一昨日、キトのペルー航空のオフィスでは、出国手続きをしなくとも、私が持っているエクアドルとメキシコのビサだけで大丈夫だと言われていたので、安心していたのだ。その上、午後6時に着くはずの飛行機が7時半ごろ、グァヤキルに着いたので、当市のペルー航空のオフィスへも行けなかった。ペルー航空の社員パラウ氏がそのことを説明しても埒が明かなかった。税関の係りの責任逃れの態度にはあきれてしまった。しかたがないので、パラウ氏の車で私が泊まっていたホテルへ戻った。そして昼寝をしていたら、パラウ氏から電話があり、ペルー航空で全額払うから、「オテル・パラセ」に泊まってくれと言ってきた。グァヤキルにある最高のホテルのひとつなのだろう。今、5階のレストランで夕食を取っているが、まるでどこかの国の王子にでもなった気分だ。

1月26日（土）

午前2時半にグァヤキルの飛行場へ行く。午前11時半ごろ、メキシコ市に無事舞い戻った。

年表　アンデス

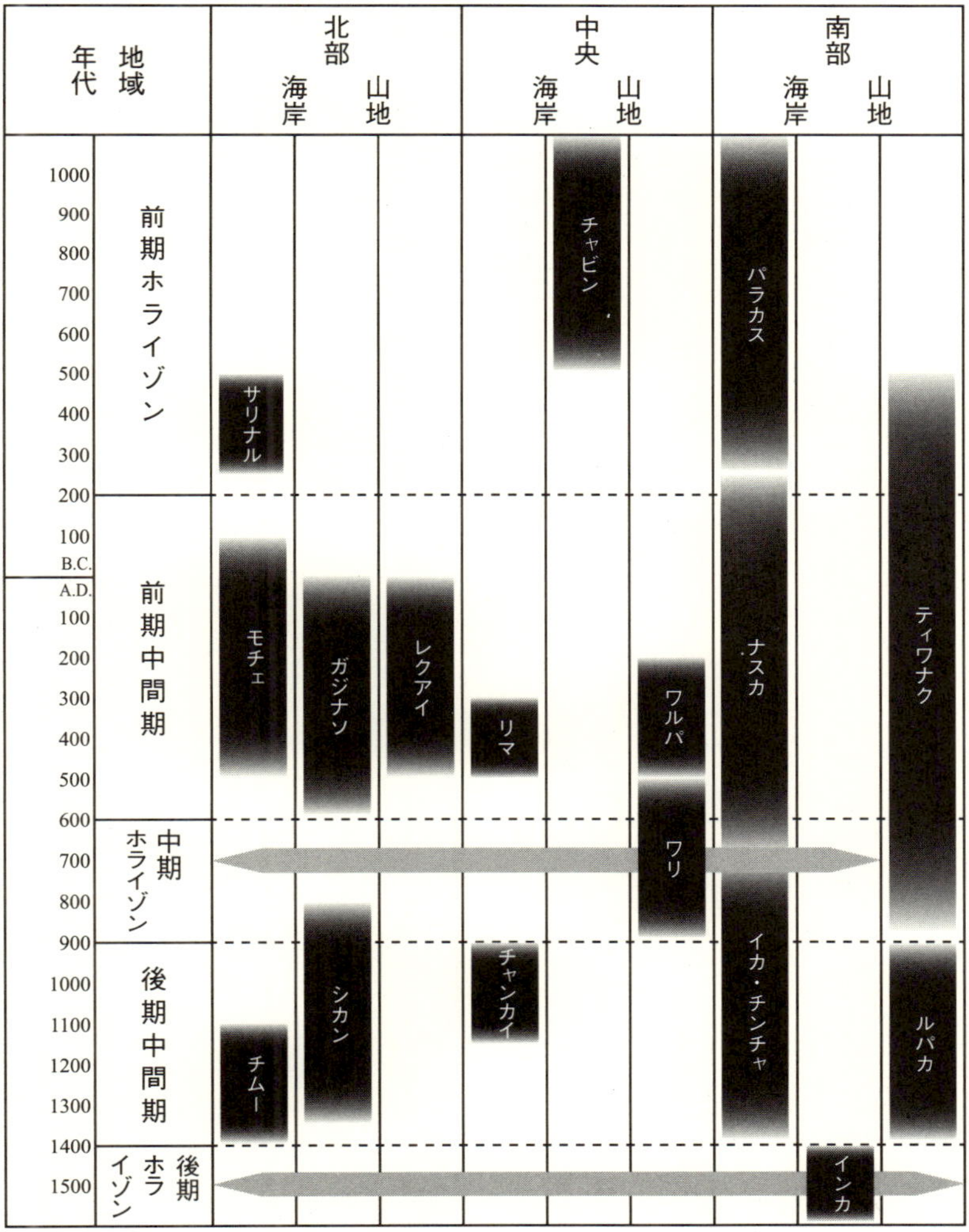
年代
地域
北部
海岸
山地
中央
海岸
山地
南部
海岸
山地
1000
900
800
700
600
500
400
300
200
100
B.C.
A.D.
100
200
300
400
500
600
700
800
900
1000
1100
1200
1300
1400
1500
前期ホライゾン
前期中間期
中期ホライゾン
後期中間期
後期ホライゾン
チャビン
パラカス
サリナル
ティワナク
ナスカ
モチェ
ガジナソ
レクアイ
リマ
ワルパ
ワリ
シカン
チャンカイ
イカ・チンチャ
ルパカ
チムー
インカ

おわりに

高山智博

私がほぼ半世紀の間、メキシコからボリビアにかけての地域を、様々な機会に旅した理由はなんだったのか。

そのひとつは、古代都市遺跡が持つ不思議な魅力に取り付かれたからである。そこに見られる神秘性は古代都市そのものが宇宙と自然と人間を結び付けるセンターだったことによるのかもしれない。さらにそれらをつくった人びとの宇宙観や自然観について、いろいろ知りたいと思ったからである。

また私の知的関心は古代文明の発生だけでなく、その崩壊にもあった。たとえば大自然の中に立つマヤのピラミッドに登る度に、その崩壊の原因は人為的なものなのか、それとも自然災害によるものなのかといったことに思いをめぐらせた。と同時に、現代文明もいつかはこのような廃墟となるのではないかということが脳裏に去来したものである。

もうひとつは、そうした遺跡の周辺に住む先住民の文化や社会についてであった。かつて彼らは都会の人間から、嘘つきで怠け者として差別されていたが、実際に会ってみると、勤勉で礼儀正しく、しかも人間的で温かい者が多い。旅する私にとっては、彼らの住む村で、そこの人びとと接するのが楽しみなのである。

かつて米国の人類学者ジョージ・フォスター（George Foster “Tzintzuntzan, Mexican Peasans in a Changing World”, 1967）は、先住民の価値観として「有限なる善のイメージ」という仮説を提起した。それによると、土地や財産などあらゆるものは「住民の最小必要分すら満たせない有限な形で存在する」と先住民は信じているはずだというのである。したがってある者が隣人よりも豊かになれば、それだけほかの者を犠牲にしたと見なされる。そこで豊かになった者は村祭りの際に、その分を出費して中和する。先住民共同体では「皆が平等であることが理想」だからである。現代文明が信じてきた富や開発の無限性とは正反対といえる、こうした価値観にも関心を持ったものである。

メソアメリカの最初の文明といえるオルメカ（紀元前１２００年－紀元前４００年）は、アンデスのチャビンとほぼ同時代に誕生し、どちらもジャガー神と呼べる神格を信仰した。しかし異なる点もある。オルメカではヒスイをもっとも貴重なものとしたのにたいして、チャビンではそれが黄金であった。中間領域のコロンビアやコスタリカは、時代は下るが、アンデスからの伝播で、みごとな黄金文化を築いた。その黄金がメソアメリカに伝わったのは、後古典期（紀元９００年）に入ってからである。一方、ヒスイはテオティワカン、マヤなどメソアメリカ中に広がり、中間領域ではコスタリカまで伝わった。

メソアメリカ、中間領域、そしてアンデスに共通なものといえば、太陽信仰であろう。どの領域でも太陽の動きを基にした暦の一定の日（春分と秋分、夏至と冬至など）には、大々的な祝祭を行なっていた。それらは種まきや雨乞い、あるいは収穫への感謝といった農耕儀礼である。

こうした太陽信仰は、古代だけではなく現在でも形や内容が変わったとはいえ、受け継がれているといってよかろう。その一例として、メキシコの例を挙げてみる。

２００６年3月21日、つまり春分の日に、私はメキシコ市郊外にあるテオティワカン遺跡へ行った。その日の人出は30万人もあったそうである。有名な「太陽のピラミッド」を麓から頂上へ登るのに、長い行列でなんと2時間半もかかった。そこでは善男善女が太陽の聖なるエネルギーを受けようと両手を挙げて祈っていた。もちろん、真剣に祈っている者もいれば、野次馬根性でやってきた者もいただろう。しかしこうした現象が流行るのは、メキシコの庶民に古代の伝統が残っている証拠であると共に、現代文明のあり方や人類の行く末に、人びとが無意識のうちに不安を感じるようになったからではなかろうか。

同じ日、ユカタン半島北部にある代表的マヤ遺跡チチェン・イツァ（最近、新「世界7不思議」のひとつに選ばれた）でも数万人が集まったと新聞は伝えていた。そこでは「ククルカン（マヤ語で羽毛ある蛇の意）のピラミッド」の階段脇にこの日の午後、太陽の光によってククルカンが舞い降りるようなシルエットが描き出される。この日集まったのは、その現象を見ようと世界中からやってきた人びとである。

他方、太陽崇拝は日本でも古来から一般的なものだといえる。たとえばそれは、東京の高尾山に大晦日の深夜に登って、元旦のご来光に手を合わせる者が大勢いることから分かろう。また高尾山山頂からは冬至にだけ、霊峰富士の山頂に太陽が沈むのが見られるそうである。

また春分や秋分の日に、人びとが特別の現象を見にいく場所もある。私も何回かその現象を見に行った。そこは七面山という法華経信仰の霊山である。お彼岸の中日に、この山の頂上から富士山頂に太陽が昇るのを拝めるからである。しかもその太陽の光は、山頂にある七面山本社の本殿（摩尼殿）の祭壇に安置されている七面大明神、さらにその本殿の裏手にある一の池にそそぐのである。七面大明神というのは、その昔ある姫が池に身を投じて龍になったという伝説の龍神のことである。また一の池にはその龍神が住んでいると言われている。ともかくメキシコと日本に見られる、こうした類似に私は驚いたものであった。

我われが古代について研究するのは、そこで得られた知識を基に現在を省みるためである。さらにはそれを未来に生かさねば意味がないであろう。先住民の指導者たちは、母なる大地への感謝と祈り、そして自然との調和と均衡の大切さにかんして警鐘を鳴らしている。それを先住民の言うことだからと無視していてよいものだろうか。現代文明は存亡の危機にあるのである。

おわりに

アサヒビール発行・清水弘文堂書房編集発売

ASAHI ECO BOOKS 刊行書籍一覧（2008年4月現在）

■1 環境影響評価のすべて

プラサッド・モダック／アシット・K・ビスワス著　川瀬裕之　礒貝白日編訳　2940円（税込）

「時のアセスメント」が流行の今日、環境影響評価は、プロジェクトの必須条件。発展途上国が環境影響評価を実施するための理論書として、そして国内各地の開発を見直すために、有用な一冊。（国連大学出版局協力）

■2 水によるセラピー

ヘンリー・デイヴィッド・ソロー　仙名　紀訳　1260円（税込）

いま、なぜソローなのか？　古典的名著『森の生活』の著者による、癒しのアンソロジー3部作、第1弾！ソローの心をもっとも動かしたのは水のある風景だった──。

■3 山によるセラピー

ヘンリー・デイヴィッド・ソロー　仙名　紀訳　1260円（税込）

乱開発の行き過ぎを規制し、生態学エコロジーの原点に立ち戻り、人間性を回復する際のシンボルとして、ソローの影は国際的に大きさを増している。

■4 水のリスクマネージメント

ジューハ・I・ウィトォー／アシット・K・ビスワス　深澤雅子訳　2625円（税込）

21世紀に直面するであろう極めて重大な問題は水である──。発展途上国都市圏における水問題から、東京、関西地域における水質管理問題まで。（国連大学出版局協力）

■5 風景によるセラピー

ヘンリー・デイヴィッド・ソロー　仙名　紀訳　1890円（税込）

ソローが改めて脚光を浴びている。ナチュラリストとして、エコロジストとしての彼の思想が今、先駆者の業績として広く認知されてきたからであろう。

■ **6 アサヒビールの森人たち**

監修・写真 礒貝浩　文 教蓮孝匡　1995円（税込）

「豊かさ」って、なに?この『ヒューマン・ドキュメンタリー』は、この主題を森で働く人たちを通して問いかけている。「アサヒビールの森人たち」は、今の日本では数少ない、心豊かに日々を過ごしている人たちである。

■ **7 熱帯雨林の知恵**

スチュワート・A・シュレーゲル　仙名　紀訳　2100円（税込）

「私たちは森の世話をするために生まれた!」フィリピン・ミンダナオ島の森の住人、ティドゥライ族の宇宙観に触れる一冊。

■ **8 国際水紛争事典**

ヘザー・L・ビーチほか著　池座 剛／寺村ミシェル訳　2625円（税込）

水の質や量をめぐる世界各地の「越境的な水域抗争」につき、文献を包括的に検証。200以上の水域から収集された豊富なデータを提供する。（国連大学出版局協力）

■ **10 地球といっしょに「うまい!」をつくる**

写真と文　二葉幾久　1575円（税込）

アサヒビールの社員たちが、会社を環境保全型企業にするために地道に努力した記録です。これから本気で環境問題に取り組もうとしている人や企業に少しは役に立つかもしれません。

■ **11 カナダの元祖・森人たち**

写真と文と訳　あん・まくどなるど　礒貝浩（共著）　2100円（税込）

カナダの森のなかに水俣病で苦しんでいる先住民たちがいる。彼らのナマの声を、豊富な写真とともに伝える一冊。2004年カナダ首相出版賞受賞作品。

■9 環境問題を考えるヒント

水野理　3150円（税込）

環境省勤務の著者が集めた「環境問題を考えるヒント」。環境問題を考える人へ、まずはこの本を読んでください。

■12 いのちは創れない

池田和子　守分紀子　蟹江志保　共著　（財）地球・人間環境フォーラム編　2200円（税込）

かつてはどこにでもいた生きものたちや、むかしながらの景観が失われつつある―。「生物多様性」ってなんだろう？その問いにこたえるべく、環境省の若きレンジャーたちが、日本の生きもの、そして日本の自然保護行政の歩みについて、わかりやすくかつ科学的にリポートする。

■13 森の名人ものがたり

森の〝聞き書き甲子園〟実行委員会事務局編　2310円（税込）

日本の山を守りのこしてきた名人たちの姿を、高校生たちが一所懸命に書きのこしました。

■14 環境歴史学入門　あん・まくどなるどの大学院講義録

礒貝日月編　2200円（税込）

環境歴史学とは？　環境歴史学序論／人類誕生前後の地球／地球の人間化、人類移動／都市化／16世紀から19世紀までの事例研究／大気汚染の近代・現代史／水汚染の近代・現代史／アメリカにおける環境運動の歴史

■15 ホタル、こい！

阿部宣男著　二葉幾久編　1890円（税込）

困難とされるホタルの累代飼育に挑む、板橋区ホタル飼育施設の職員・阿部宣男氏。博士号取得論文としてまとめられたホタル研究の成果を、研究にまつわるさまざまなエピソードとともにお届けする。

■16 地球の悲鳴

陽　捷行　1980円（税込）

大地から、海原から、そして天空から痛切な悲鳴が聞こえる―。21世紀のわれわれに必要とされる、あらたな「知」

とは？　環境問題と向きあうための必読100書を一挙紹介!!

■17 アグリビジネスにおける集中と環境

三石誠司　2400円（税込）

序章　研究の対象と論点および先行研究／第1章　種子業界における構造変化の歴史的展開／第2章　遺伝子組換え作物とバイオ燃料を中心としたアグリビジネスの展開／第3章　アメリカにおける食肉加工産業の集中と環境／第4章　アメリカの集中畜産経営体と環境問題

■18 誰もが知っているはずなのに誰も考えなかった農のはなし

㈱オルタナティブコミュニケーションズ　金子照美　1500円（税込）

私たちは明治の人が近代化を進めて、世界でも有数の経済大国にしてくれたように、次の世代、あるいは百年後の日本に何を残してやるべきか、とりわけ農業や農地、水土里（みどり）の資源をどうしたらいいのか、「底の底まで掘りさげて考えこむべきとき」がきているのではないでしょうか。

■19 農と環境と健康

陽　捷行　2100円（税込）

われわれはなぜ、人類や文明がいま直面している数々の驚異的な危機に思いが及ばないのだろうか―。環境問題解決の糸口として今、「農医連携」がもとめられている。

■20 原日本人やーい！

あん・まくどなるど対談集　（財）地球・人間環境フォーラム編　1980円（税込）

古き良き日本の伝統や文化。それを育んだ農業、漁業、林業など基本的な人間の営みのなかに、わたしたちが忘れてしまった「持続可能な社会」への道しるべが隠されているのではないでしょうか―。

■21 田園有情

写真と文　あん・まくどなるど　監修　松山町酒米研究会　1990円（税込）

宮城県大崎市（旧松山町）を拠点とし、農山漁村フィールドワークをつづける著者が、撮りためた写真を一挙公開。農村の四季をつづる、フォト・ルポルタージュ。

清水弘文堂書房の本の注文方法

■電話注文03-3770-1922／046-804-2516■FAX注文046-875-8401■Eメール注文mail@shimizukobundo.com（いずれも送料300円注文主負担）■電話・FAX・Eメール以外で清水弘文堂書房の本をご注文いただく場合には、もよりの本屋さんにご注文いただくか、本の定価（消費税込み）に送料300円を足した金額を郵便為替（為替口座00260-3-59939 清水弘文堂書房）でお振り込みくだされば、確認後、一週間以内に郵送にてお送りいたします（郵便為替でご注文いただく場合には、振り込み用紙に本の題名必記）。

古代文明の遺産
調和と均衡―メキシコからボリビアにかけて―
ASAHI ECO BOOKS 22

発行　二〇〇八年四月十五日
著者　高山智博
発行者　荻田 伍
発行所　アサヒビール株式会社
住所　東京都墨田区吾妻橋一-二三-一
電話番号　〇三-五六〇八-五一一一
編集発売　株式会社清水弘文堂書房
発売者　礒貝日月
住所　《プチ・サロン》東京都目黒区大橋一-三-七-二〇七
電話番号　《受注専用》〇三-三七七〇-一九二二
Eメール　mail@shimizukobundo.com
HP　http://shimizukobundo.com/
編集室　清水弘文堂書房葉山編集室
住所　神奈川県三浦郡葉山町堀内八七〇-一〇
電話番号　〇四六-八〇四-二五一六
FAX　〇四六-八七五-八四〇一
印刷所　モリモト印刷株式会社

ISBN978-4-87950-586-6　C0025